ラスタ
ファーライ
入門

ジャマイカと日本で
人類学しながら考えたこと

神本秀爾
KAMIMOTO Shuji

集広舎

ラスタファーライ入門
ジャマイカと日本で人類学しながら考えたこと

目次

まえがき		3
第 1 章	ラスタが人生に入り込んできた	5
第 2 章	ボボ・ヒルにたどり着くまで	12
第 3 章	僕はきっとラスタにはならない	21
第 4 章	神を体現する生き方	29
第 5 章	レゲエは「悪魔の音楽」なのか？	40
第 6 章	ホウキとバッジとレゲエとの関係	48
第 7 章	「黒人優越」の時代と「黒さ」の意味	55
第 8 章	スクール・オブ・ヴィジョンの農と食	63
第 9 章	終末思想と「悪魔の徴」のマイクロチップ	72
第10章	自律と連帯のはざまで	80
第11章	共生志向の日本のラスタファーライ	88
第12章	根よりも経路	95
補 章	ガーナでジャマイカについて考えた	101
あとがき		108
参考文献・索引		

まえがき

「ずいぶんと遠くまで来てしまった」と思う癖がある。物理的な距離ではなく文化的な距離を基準にそう思ったのは、大学3回生の11月、初めて訪れたジャマイカのキングストンだった。民宿の屋上で青く広がった空をぼうっと見ていたときに初めて湧き上がってきた感覚だった。

関西国際空港を出発してダラスで1泊してマイアミを経由したことで時間もだいぶかかっていたけど、そんなことよりもジャマイカという場所は自分の慣れ親しんでいたやり方では通用しないということを感じた初めての場所だった。子どものときに父親が住んでいて「迎えてもらった」イギリスやハワイ、家族旅行やその後には友だちと行った東南アジア各国での経験はある意味で想定内の世界だった。滞在の仕方は当然のように経験の仕方に影響しているけれど、基本的には見るべき観光地や食べるべきメニューを経験したように記憶している。そのことに不満があったわけではない。ただそれは準備されていた経験をするという意味で、それらは自分の世界のモードを大きく変えることなくこなせる経験だった。

ところがあのときの僕にとってのジャマイカはそうではなかった。高校までの教科書に有名な人物も見るべき美術品や建物も出てこなければ、身近な食べ物のメニューも存在しない。そんな国に行ったときに何をど

のように楽しめば良いのか戸惑った。僕は身長が180cmぐらいで日本では大柄な方だけど、自分より体の大きな人たちが「無意識」に距離を詰めてくる経験も初めてだった。その頃ももちろん好きだったけど、あと少しレゲエやダンスホールについて勉強をしてから行っていれば、行くべきクラブやダンスなどもあって違う楽しみ方もできたのだろうけど、当時の僕の関心は音楽の現場よりも宗教文化のラスタファーライの思想や実践だった。ラスタファーライについては、日本でジャマイカや音楽に詳しい人から話を聞いていてもほとんど納得できる説明がなかったから、行ってなんとかしようというのが最初のジャマイカ行きの動機だった。

そして、何日か経ったところで、ジャマイカとはジャマイカ人やジャマイカの日常の文化を好きにならないと行っても面白くない場所だということに気づいた。10数回をこえたあたりから通った回数を数えるのはあきらめたけれど、現在では当然のように大好きだし落ち着く場所になっている。

大学院では研究テーマとして向き合ったラスタファーライは、僕とジャマイカ人、僕とジャマイカの日常の文化を結びつけ、長い時間をかけて僕の内面にジャマイカらしさのようなものを沁み込ませてきた。いまとなってはラスタファーライに出会わなかった人生はまったく想像できないし、いまさらその影響を消し去ることはできない。

本書はウェブサイトで連載していたものに大幅な修正を加えたもので、この本の性格はタイトルが言い表している。ラスタファーライの門をたたいた2005年から2020年くらいまでの僕の経験や思考の一部をぎゅっと凝縮したものになっている。学術的なところとエッセイ的なところ、研究者風のところと教育者風のところが、グラデーションというよりもまだら模様にちりばめられている。いろんな人に向けて書いてみたらそういうことになった。だから、いろんな人に手に取ってもらえたら本当に嬉しいと思っている。

第1章
ラスタが人生に入り込んできた

　文化人類学者と名乗ることが多い。それは文化人類学の論文で博士号をもらったからだ。研究の対象はラスタファリアン（以下ラスタ）だった。ラスタとは何かということについて最初から説明するとそれだけで時間がかかるので、とりあえずは手短な説明にとどめておきたい。1930年代以降、ジャマイカ黒人たちがキリスト教を再解釈して新しく作った宗教をラスタファーライ（ラスタファリ運動）、その実践者をラスタと呼んでいる。さしあたってはこれを覚えておいて欲しい。

　自分もラスタなのかとよく聞かれるが、ラスタではないと答えている。ただ、大学3回生から4回生のときには、ラスタになりたいという願望がとても強かった。しかし、この、「なる」とか「なりたい」とは何なのだろうか。狩猟採集民を研究する人類学者に狩猟採集民なんですか？と聞くことはないだろう。女性を研究する人類学者に女性なんですか？と聞くこともないだろう。それにもかかわらず、ラスタを研究してきたと言うと、人はラスタなん（になったん）ですか？と聞きたくなるようだ。そうなる理由のひとつは、狩猟採集民や女性といったカテゴリーのような不変的な（に見える）ものと比べて、ラスタは可変的なアイデンティティだと捉えられているからだと思う。それを踏まえて自分を説明すると、ラスタ的なものの見方はある程度わかっているけれど、人類学

者（これも可変的）としてのアイデンティティの方に重きを置いているという感じだろうか。

　この本では、ラスタ的な世界観やアイデンティティのあり方について、具体例を出しながら多くのことを書いていく。彼らの世界観やアイデンティティのあり方を説明する用語として、マルチグラフト（multi-graft）という言葉を使うことで、彼らと僕らのつながる地平を見つけられないかと考えている。マルチグラフトとは、複数の植物をひとつの木の枝や幹に接ぐ、多品種接ぎを指す園芸（藝）用語に由来している。枝や幹にまつわるこの用語は、実は、アフリカ系ディアスポラについて論じたポール・ギルロイの根（roots）と経路（routes）という同音異義語を意識している。その細かなニュアンスなどとの関係については最終章で検討してみたい。

　話を戻そう。この本を始めるに際して、そもそも、なぜ、自分がラスタを対象とした人類学的研究をすることになったのか、ラスタはどのように自分の人生に関わってきたのか、ということも説明しておいた方がいいだろう。誰から頼まれたわけでもなく、長いあいだ関わってきたのには、それなりの理由がある。

　この本はラスタに興味があって基本的な知識を得たい人には少し難しいかもしれない。すでに自分なりのラスタ像を持つ人にとってはラスタの新しい側面が見えてきて刺激的なところがあるのではないかと期待している。人類学そのものというよりも人類学者に興味がある人にも向いているかもしれない。ラスタも人類学も知らなかった人が、それらを面白い世界だと思ってくれるともっと嬉しい。それでは最初に、僕とラスタの出会いから始めたい。

　僕がラスタの存在を知ったのは2001年、京都の大学の3回生のときだった。少し前にマイティ・クラウンがワールド・クラッシュで優勝して、三木道山やMINMI（ミンミ）がメジャー・シーンで注目を集めるようになっていた。自分がラスタに興味を惹かれるようになったきっかけは、当時仲の良かった友だちがレゲエを好きだったこと（日本でレゲエというときには、ややこしいけれどダンスホールも含む）、ゼミのときにラスタ

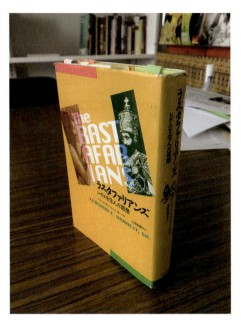

2001年頃に購入したバレットの著書

の話をしていた同級生がいたこと、なんかが直接的なものだった。

なぜレゲエを通じてラスタに接近することがあるかというと、1970年代に流行したレゲエはラスタファーライのメッセージにあふれていて、レゲエのスーパー・スター、ボブ・マーリー（Bob Marley）もラスタのひとりだったからだ。人からもらったMDにモーガン・ヘリテイジ（Morgan Heritage）の"Take Up Your Cross"が入っていて、彼らのビジュアルを知ったときにとても魅力的に見えたのを覚えている。その一方で、ゼミの同級生が図書館から借りて持っていた、ラスタ研究の古典になっているレナード・バレットの『ラスタファリアンズ──レゲエを生んだ思想』（1996）は原書が古いこともあって、使われている写真も古く、とっつきにくかった。同じように、定番だということでボブ・マーリーのライブ盤なども聴いたけれど、音数が少なくて物足りない、というのが素直な感想だった。要は、2000年頃にいい感じで受け入れられていたラスタ像が自分の感覚とマッチしたということだろう。

ラスタを面白いと思いはじめたあと、バレットの本以外では、鈴木慎一郎さんの『レゲエ・トレイン──ディアスポラの響き』（2000）やイヴォンヌ・ゴールドソンの『パトワ語ハンドブック──ジャマイカ語を話そう！』（1998）を買った。文法書というよりはフレーズ集のような本だったが、書かれているフレーズや単語をもとに自分なりに文法を解読するのはとても面白かった。いまでもまったく得意ではないけれど、中学校以降の語学の勉強でいちばん楽しかった。1978年のジャマイカを舞台にした映画『ロッカーズ』はDVDではなくVHSのバージョンを

第1章　ラスタが人生に入り込んできた

買った気がする。ルーツ・レゲエで一番自分に合ったのは、プリンス・リンカーン・アンド・ザ・ロイヤル・ラッセズ（Prince Lincoln & The Royal Rasses）の『Humanity』というアルバムで、京都の繁華街、河原町通りのBAL（当時）の地下のヴァージン・メガストアで買った。ジャケットに惹かれてオーガスタス・パブロ（Augustus Pablo）の『Valley of Jehosaphat』も一緒に買った。当時の京都にはStrictly VibesとKetteというラスタ系のグッズも置いているショップがあったので、ちょくちょく通って、服を買ったり話を聞いたりしていた。Strictly Vibesは街なかから少し離れた北山というエリアの通りに面した店だったから良かったけど、Ketteは階段の狭いビルの3階にあったので、最初入るときはちょっと緊張した。

　僕がラスタに魅了されたポイントは、多くの人と同じだと思う。たとえばバビロン、ザイオンという言葉。よく知られているように、ジャマイカ黒人のほとんどは奴隷制期に西アフリカとか中央アフリカから運び込まれた奴隷の子孫である。ラスタたちは、彼らが、思想的にも経済的にも政治的にも搾取されてきた世界や制度、あるときはそのエージェントをバビロンと呼んで批判し、彼らが救世主（であり神）と見なすハイレ・セラシエが暮らしたエチオピア（あるいはアフリカ大陸）を天国のような空間、ザイオンと呼んでいる、というものだ。この二分法にもとづいた世界の見取り図はとても新鮮だった。ワイルドでかっこよく見えていたドレッド・ロックス（ドレッドヘアー）が聖書に由来しているということや、彼らが自然回帰を志向しているという説明なども、ラディカルでさらにかっこよく見えた。こうして少しずつ、確実にラスタにはまる道を進んでいっていたのだが、知れば知るほど知りたいこと、分からないことが出てきた。当時のインターネット環境はいまと比べるととても脆弱で、手に入った雑誌や本、CDのライナーノーツから知識を得ても、ラスタの世界を身近に感じるのには限界があった。

　同じ頃、結果的に僕を研究に導いたとても大きな出会いがあった。それは、フランスの文芸評論家、ロラン・バルトの『物語の構造分析』（1979）という本との出会いだった。大学の再履修の授業で読まされたその本は、

ロラン・バルト『物語の構造分析』

僕がラスタに惹かれた理由を説明するための言葉を与えてくれた。

その言葉は「作者の死」というもので、簡単に言うと、物語の作者を作品の絶対的な解釈者の座から引きずりおろし、作品間の関係に焦点をずらしたり、読み手の解釈の重要性を強調したりする概念だった。その言葉が自分に刺さった理由は、僕は中学生の頃からやたらと自分の主張を表現したいところがあったものの、その手段をうまく見つけられないままだったことと関係している。卒業論文（制作）が必修の中学に通っていたので、原稿用紙180枚分のいま思えばセカイ系の小説を書いた。他には、オリジナルの曲を作って、いまは大阪で医者をやっている友だちとバンドで演奏したり（明らかにその友だちの方が狂気をそなえていて圧倒された）、自分で作った曲の録音やライブを友だちや後輩に手伝ってもらったりしていた。当時の僕にとって小説や音楽というのは、自分の主張や伝えたいことを受け手に届けるためのメディアという存在だった。

そんなモチベーションから生まれる僕の作品のクオリティは、小説や音楽自体に熱意のある人のものとは比べようもなかった。細々と音楽は続けていたものの、それがその先何につながるかも分からないようなときに出会った「作者の死」というアイデアは、聴いてもらいたいくせに解釈の方向も指定したいというような、わがままな僕を葬り去ってくれるものだった。「作者は絶対的な解釈者ではない」「人はあなたが期待するように作品を理解しないものだ」、といったメッセージは、僕の肩の力を抜いてくれた。

そこから一転して僕は解釈者にも興味を持つようになった。僕にとっ

てのラスタの魅力の源泉はそこにあった。聖書を期待されるように読まないだけでなく、自分たちに都合の良いように再解釈して集団を形成してきたタフさと図々しさは輝いて見えた。

　思い返すと当時の僕のはまり方は異常で、たしか『BURST HIGH』の第1号（2001）で見た、リー・ペリーの自宅前の写真か何かで、ラスタ・カラーで塗り分けられた大きな石が並べられていたのに憧れて、近所で大量に石を拾ってきて、スプレーを使ってラスタ・カラーに塗りまくったりしていた。それらを部屋の玄関口に敷き詰めていた時期もある。それ以外にはアフリカを象ったネックレスをしたり、タムを被ったり、原付にステッカーを貼りまくったりしていた。

　僕なりに自分の実存と関わるような切実さを抱えてラスタにはまっていったので、概説書を読んで知識を増やしても、ラスタと会ったことのある日本人の話を聞いても、まったく物足りなかった。ラスタを追求していくことで自分が開ける地平がある予感はしていた。ただ、どうして良いのかわからなかったので、2001年の11月の後半、同級生の友だちを誘って1週間ほどキングストンに行った。9.11のあとで、経由したアメリカのセキュリティはとても厳しかった。宿泊先は決めていなかったので、イミグレーションで紹介されたボブ・マーリー博物館の近くでおばさんが個人でやっている民宿（B&B）に滞在した。

　初めてのキングストンは衝撃だった。それは、「思っていたほど刺激的じゃない」という意味で。ハーフ・ウェイ・ツリーのショッピング・モールで売られている服はかっこいいと思えない割に高かったし、適当に入った中華料理店で食べたメニューは値段も味も

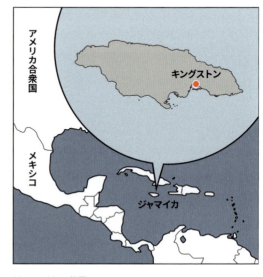

ジャマイカの位置

王将に全然かなわないように感じた。お土産で頼まれていたミックス・テープを探してもほとんどミックスCDで中身まで薄っぺらく見えたし、何よりキングストンで最初に爆音で聞いたのは、ひと月前に出たばかりのマイケル・ジャクソンのアルバム『Invincible』のなかのメロウな曲だった。

　僕が期待していたのは、いかにもジャマイカというような景色やアイテムだった。なにより、僕にとってのジャマイカはラスタのいるジャマイカだったので、思ったほどラスタがいないことに、がっかりした。とはいえ、1週間ほどの限られたジャマイカ滞在はそれなりに楽しかった。ラスタからセラシエのポスターを買ったり（いまは大学の研究室の机に張っている）、ボブ・マーリー博物館に行ったり、ジャマイカ風のお土産を買ったりした。ジャマイカに興味を持ち始めて間もなかったので、どんなダンスがレギュラーでやっているとか、どうやってそこに遊びに行けばいいとか、そういうことは知らず、レゲエ好きが経験するジャマイカらしい楽しみ方には触れず仕舞いだった。

　そんな中途半端なジャマイカ滞在を経て僕は京都に帰った。友だちにお土産を配ったり、ジャマイカの話をしたりするのはとても楽しかった。結局、当時の僕にとってジャマイカはザイオンのようなものだった。

靴ひもをラスタ・カラーのものに替えたエアフォースワンで
ジャマイカに行った

第1章　ラスタが人生に入り込んできた

第2章 ボボ・ヒルにたどり着くまで

「過激」で「敬虔」なラスタ宗派

　そうこうしているうちに4回生になった。学部に入学する前から大学院には進学してできることなら大学に残りたいと思っていたのだけれど、専攻した美学とか芸術学は自分には抽象的すぎるように感じていたので、美学とか芸術学をそのまま続けるのは正直厳しいと思っていた。

　学部卒業から2年後の2005年に大学院に進学し、文化人類学の講座に所属した。文化人類学にも他の分野と同じようにいろんな関心や側面があるのでひと言では言えないが、当時の僕にとっては、西欧近代批判とか自文化中心主義批判とか、世間の常識と距離をとっているように見えたスタンスが良かった。なにより、興味のあるところに堂々と長くいることができる学問だというのが一番の魅力だった。指導教員の田中雅一先生は南インドの宗教をはじめ、セクシュアリティや軍隊など色々なことをやる人だったのだが、研究室に相談に行ったときに、対象はなんでもいいと言っていたこと、修了生に修士論文でタンザニアのラスタのことを書いた先輩がいたのが決め手だった。

　修士課程は2年間だが、そのうち半年ぐらいはフィールドワーク（現地調査）をすることが期待されていた。修士1回生のときは授業をある

程度取らなければならないので、たいていの学生は夏季休暇に、来年度の本調査に向けて予備的な調査をおこなう。

　僕が調査の対象にしたかったのは、Ethiopia Africa Black International Congress（EABIC）、通称ボボと呼ばれるラスタ宗派だった。だいたいのラスタはドレッドの見せ方にも気をつかっているのだが、ボボのラスタはドレッドをターバンで覆っていて、そういう「他と違う」ところが好みだった。そして、ボボを自称していた（一般にもボボと理解されていた）シズラ（Sizzla）やケイプルトン（Capleton）、アンソニー・ビー（Anthony B）といったアーティストたちの音楽も好きだった。彼らが、ハイレ・セラシエの偉大さを称えるメッセージと、「バビロンを燃やせ」というような過激な言葉を織り交ぜた歌を次々リリースしていたことや、DVDなどで見た、観客の盛り上げ方などもとても魅力的だった。「宗教的な敬虔さと過激さは、どのような関係にあるのだろうか」というのが僕の素朴な疑問だった。そういうこともあって、まずは、シズラの『Bobo Ashanti』というアルバムを通じて知っていた、ボボのコミューンで受け入れられ、彼らの世界を知っていきたいと思っていた。

シズラ『Bobo Ashanti』（2000）

2回目のキングストン

　2005年の8月末、2回目のキングストンに行った。あまりに準備と知識が不足していた2001年の反省を生かして、効率よくキングストンの情報を集めるために、日本人向けのゲストハウス、アイシャハウスに滞

在することにした。夏は長期休暇を取りやすいので、10ぐらいあった部屋はたいてい満室だった。コンクリートの建物は、昼間は当然暑く、夜は夜で熱がこもって、天井のファンだけでは寝苦しい夜が続いた。水不足とのことで、しばらく昼間は水も使えなかった気がする。客は男性が中心でサウンドマンと学生が多かった。網シャツもとても流行っていた。サウンドマンも、たいてい普段は別の仕事をしているが、ここではサウンドマンというアイデンティティを前面に出しながら過ごしているように見えた。日本食を持ち込んでいる人が多かったので、近所のスーパーで買った食材と合わせてカレーをつくって大勢で食べたことなどもあって、合宿のような気分になることもあった。

ボボのコミューン（ボボ・シャンティ）は、キングストンの中心部から15キロほど海沿いの道を東に行ったあたりの山際にある。ボボ・ヒルとも呼ばれていた。ただ、ボボ・ヒルにいきなり行っても何ができるかわからなかったし、いきなり行っても受け入れられなかったら、院に進学した第一の目的を見失いかねない。なにより調査計画を練り直す羽目になる。そう思ったので最初はあせらず、街なかをぶらぶらしてはラスタっぽい人に話しかけて、ボボ・ヒルについての情報を集めはじめた。決められたエリアを行き来するルート・タクシーやトヨタのコースターなどを改造したバスの乗り方も覚え、ダウンタウンやパピンなど、ターミナルになっているエリアにも行くようになった。パピンは観光客にとっては用事があるところではないけれど、近くにある西インド諸島大学（The University of the West Indies、通称UWI）の図書館や本屋に用事があった僕はよく行った場所のひとつだ。

UWIには、ラスタに関する書籍を出版していたバリー・シェバンズ（Barry Chevannes）がいた。彼の『Rastafari: Roots and Ideology』（1994）や『Rastafari and Other African-Caribbean Worldviews』（1998）は大学院での研究計画書の作成の参考にしていた。彼と面識のある先生は日本にいたので、紹介をお願いした方が良かったのかもしれないけれど、自分のペースを守りたくて彼には直接会いに行った。

文化人類学のフィールドワークには問いを探しに行くような側面があ

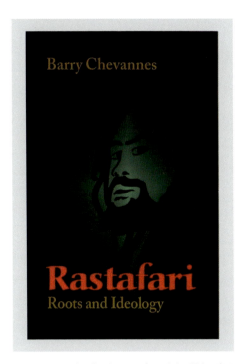

シェバンズによるこの本のボボに関する章はとても参考になった。

る。どれだけ現地に関する資料を読み込んで想像をたくましくして、今後やりたい議論のことを考えたとしても、現地に身を置かないことには、机上の空論になってしまいかねない。予備調査とは、もちろん、ある程度関連資料は読んでから行くものだが、現地の空気のなかで、自分に解決できそうな問いを見つけるという面が強い。そういうこともあり、シェバンズ先生に会ったときは、自分が何をしたいともはっきり言えず、簡単な自己紹介程度で終わった気がする。ただ、彼に会ったことで、研究者として、ラスタあるいはボボにちゃんと向き合いたいと宣言したような気分になって、オフィスを出たあとは、すがすがしい気分だった。

　ジャマイカ滞在をはじめて10日ほど経って、ブル・ベイにあるボボ・ヒルへ行った。ボボ・ヒルの最寄りのバス停、ナイン・マイルまでは簡単に行けるのだが、バスを降りてコミューンまでの道が危険だと聞かされていたので、最初はタクシーで行った。街なかを抜けて、島の南側の海沿いの道に出て、ノーマン・マンレー空港のある右側に折れず、そのまままっすぐ海沿いを走る。左手に広がる、山の木々の力強い緑色は、やはり自分が南の国に来ていることを実感させた。

　ナイン・マイルのバス停をこえたあたりで左折すると、コンクリート造りの家のあいだに、トタンを壁として使っている簡素なつくりの掘っ建て小屋のような家が立ち並んでいる。その道沿いをコミュニティとまったく無関係の外国人がいきなり歩くのは、たしかに不自然で場合によっては危険だ。そんなことを思いながら年季の入った日本車のタクシーで

第2章　ボボ・ヒルにたどり着くまで　　15

当時の門。数年後には中が覗きにくい立派なものになっていた。

　家々のあいだを通り抜け、最後、乾いた川沿いの急な山道をのぼり切ったところで視界が開け、少し先にボボのコミューンはあった。
　ラスタ・カラーで塗り分けられた建物や柵はとてもきれいだった。まわりもとても静かで、空気が違うように感じた。単純に「下界とはまったく違う」という感想を覚えた。キングストンの喧騒のなかにしばらくいたことや、タクシーでは大きな音量でダンスホールがかかっていたことも関係しているだろうけど、それだけではない。ふもとの住宅地とは比べものにならない、明らかに別の世界が目の前に存在しているという興奮を覚えた。初めて実感として目の前に聖なるものを見たからこそ、「下界」とはどのようなものを指すのか、逆説的に理解させられた瞬間だった。
　連れて来てくれたドライバーが門を叩き、中に入れてほしいと言ってくれた。しばらく経ってターバンで頭頂部を覆ったラスタが顔をのぞかせた。彼らは現地の言葉、パトワでやり取りをしていたので、彼らが何

を話していたかあまり理解できなかったのだが、割とすんなり入れてもらえそうだということは分かった。

　いちばん手前に建つゲート・ハウス（門衛所）に恐る恐る入った。広くない建物の奥に受付のような場所があり、そこからこちらを見ているラスタがいた。名前や住所を聞かれ、その答えがノートに書きこまれていく。日本の住所なんか書いても何にもならないように思ったが、そうするのが決まりだということだった。用件を聞かれたが、なかに住んでいる誰かに会いに来たというわけでもないので、自分はラスタについて勉強している学生で、中を見学させてほしいと答えた。この先、良い関係が築けるかどうかわからないし、なにより目の前にいる人に対して、研究（research）という言葉は不適切だとも感じて、勉強（study）という言葉を使った。

　ただ、1996年に出版されたバレットの『ラスタファリアンズ──レゲエを生んだ思想』のあとがきで柴田佳子さんが書いているように、ボボへの観光客や見学者、研究目的での訪問者というのは少なくなく、80年代から彼ら目当てに小商いをするラスタもいたようなので、ゲート・ハウスのラスタにとって、僕はたまに来る物好きな観光客のひとりぐらいに見えたのだろう。

エマニュエルの独創性

　敷地の中を案内してくれるというラスタが出てきたので、ゲート・ハウスで荷物を預け、彼についていくことにした。ボボでは原則部外者はゲート・ハウスに荷物を預けることになっていて、聖と俗の境界が強く印象づけられている。ラスタは好きじゃないと言っていたドライバーは、ゲート・ハウスのソファに座って待っていると

エマニュエル

言った。傾斜のある細い道をラスタについて歩く。ゆっくり歩いても、真夏の日差しにさらされているので、信じられないくらい汗をかいた。ロイヤル（royal）・キッチン、ロイヤル・レストラン、オフィス、エルサレム・スクールなどと紹介される。一部きれいな建物もあったが、そのあたりで切ってきたような木とトタンなどの廃材を組み合わせて作った建物が、ロイヤル（王の、王国の）と呼ばれているのを聞いて、そのギャップに驚い

エマニュエル

た。当時は気づかなかったが、この「王」にはおそらく多くの意味が重ね合わされている。この宗派を創始したエマニュエルは若い頃はプリンスと呼ばれていたようだが、僕が調査をしていたときはキングと呼ばれていた。本名はよく分からないが、ボボで用いられているエマニュエル・チャールズ・エドワーズ（Emmanuel Charles Edwards）というのはどう考えても本名ではない。イギリス王室にまつわるチャールズやエドワーズを名乗ろうとした彼の本意はとても知りたい。

途中で何人かとすれ違った。僕を案内してくれたラスタはそのときに、何か言い、たまに左手を曲げて自分の右胸の上のあたりに当てたり、額の前に手を当てる敬礼のようなポーズをとったりしていた。彼が口にした言葉のいくつか、"Love"とか"Honorable"などは聞き取れた。"Love"の意味は愛で、"Honorable"は尊称なので、いくつかの建物に"royal"をつけていたのと同じように、自分たちや自分たちのいる空間に自分たちを高めるような緊張感を帯びさせているように感じてさわやかな気分になった。このよ

正装のひとつを見せてくれた信徒

コミューンからは海が見える

うにして、僕は、それまでの自分の想像の範囲をこえた次元で展開している世界の入り口に来たことを実感した。

　それでは、この世界は、その他の世界とどのように異なっていたのだろうか。まず、ラスタのルールを前面に出した聖なる空間として外界と分けられている点で異なる。しかし、ボボには、他のラスタとも大きく異なる世界観があり、その世界観がボボのコミューンをより一層他の世界から浮き上がらせている。

　この世界観は、エマニュエルという極めて独創性をそなえたラスタの発想に由来している。その独創性の現れのひとつが、ボボのラスタはドレッドをターバンで覆うという決まりだ。同じように視覚的に分かる違いとしては、ラスタ・カラーの並びが違うこともあげられる。皇帝ハイレ・セラシエが治めたエチオピアの国旗と同じように、上から緑・黄・赤という並びが一般的なのだが、ボボの場合は上から赤・黄・緑と逆で

ある。そして真ん中に五芒星がある。これは、実はガーナ国旗の柄である。

　別の章であらためて説明するが、このような差異の根源は、ボボでは、ハイレ・セラシエだけでなく、エマニュエル、マーカス・ガーヴェイも崇拝しているという点にたどり着く。ガーヴェイはセラシエの戴冠を予言したというのが、ラスタの世界では定説なので、他のラスタもガーヴェイを崇拝とは言わないまでも重視している。つまり、エマニュエルの崇拝という点が、ボボを他のラスタと分ける決定的な要素である。ボボのコミューンはエマニュエルの世界観が具現化した空間なのである。

　文字にすると500字にも満たないこの程度の情報でさえ、最初はほとんど分からなかった。ただ、やはりこの世界をもっと深く知りたいと思って、その日はコミューンを後にした。

ボボの崇拝対象（左からガーヴェイ、エマニュエル、セラシエ）

第3章
僕はきっとラスタにはならない

ハイブリッド空間のジャマイカ

　この章では、「現実とはそもそも何なのか」ということを少し真面目に考えて、ボボの人々の世界との向き合い方を、僕たちがどう理解できるのか考えてみたい。

　ラスタをめぐるたいていのシンプルな説明を読むと、ネットのものでも本などでも、彼らは、強制的に奴隷として連れてこられる前に暮らしていたアフリカやエチオピアへの帰還を要求している、と書かれている。では、それはアフリカのどこなのだろうか。歴史をたどると、アメリカ州（南北アメリカ大陸やカリブ海地域）に送り込まれた奴隷のほとんどは、ギニア湾沿岸にあるダホメ王国やベニン王国、アシャンティ王国などから購入されているので、肉体的なルーツは西アフリカにあると言える。一方で、エチオピアは東アフリカにある。この2つの地域では、そこで暮らす人々の言語や習慣はもちろん、姿かたちも肌の色もかなり違う。それ以前からエチオピアニズムと呼ばれるエチオピア重視の思想はアフリカ系の人々のあいだにあったのだけど、ラスタのコンテクスト（文脈）では、ハイレ・セラシエが出現したことによって（そもそもこのことからラスタが誕生したのだが）、帰還先として名指されるようになったの

である。このことを適当だとか曖昧だとか言ってしまうと、それは現実を見誤る。

　ジャマイカとは、西アフリカの多様な場所から連れてこられた人々が、それまでとは言語も習俗も異なる環境で生活をしていくなかで、数百年にわたって文化的にも混血を続けてきた空間である。この空間には少数の白人やインド人、中国人やシリア／レバノン人なども暮らしていたことから、彼らとも混じり合い続けている。先住民は、ヨーロッパ人との接触が始まってすぐに病気や強制労働で死に絶えている。そう考えると、「ジャマイカ人」の厳密なルーツをたどることは不可能なのである。

ジャマイカの民族分類	
アフリカ系	92.11%
インド系	0.75%
中国系	0.19%
白人	0.16%
混血	6.06%
その他	0.72%

2011年 国勢調査

　古谷嘉章さんは、『異種混淆の近代と人類学』（2001）という本のなかで、「アイデンティティ＝文化＝地域＝歴史」という等式を出して、この等式の強固さを指摘する。このようなアイデンティティの理解の仕方は、近代の国民国家ができあがるプロセスで作り上げられてきたものである。ただし、そのプロセスとの向き合い方や結果は、時代や地域、そのなかで暮らす人々によって異なった。ジャマイカ黒人はジャマイカという国の文化と歴史から大いに疎外されている。上の等式を無条件に前提とするイデオロギーは、このイデオロギーによって不利益を被る人をさえ支配してきた［古谷2001:54］。古谷さんは同じ本でブラジルのインディオは、「近代への別の入り方」をしたという絶妙な表現を使っている。そう、近代は各地でさまざまに経験されるのであり、世界には複数の近代（化）の経験のみが存在している。ラスタも、彼らなりの近代を生きてきたのであり、現在の表れはその止まることのない変化の瞬間を切り取ったものに過ぎない。ここでは、最初にそのことを確認しておきたい。

ガーヴェイの黒人王国と『出エジプト記』

　ボボのコミューンの門を抜けてすぐのところにあるボードには、Ethiopia Embassy in Jamaica (Egypt)と書かれている。日本語にすると在ジャマイカ（エジプト）・エチオピア大使館ということになる（その他に国連がシンボリックに使われてもいるが、これは別のところで述べる）。この文字を見て僕が最初素直に受け止められたのは、エチオピアとジャマイカの二つの単語だけだった。ただ、この、大使館とエジプトという言葉はとても興味深かった。なぜなら、大使館という、近代の国民国家制度と深く関わっているものと、ジャマイカに根ざしているキリスト教の世界観と深く関わっているエジプトが一つのフレーズに混じり合っていたからだ。

　ジャマイカやトリニダード・トバゴなどのカリブ海のイギリス領植民地では、1838年8月1日に奴隷が解放された。だが、ボボでは、この奴隷解放は不十分なもので、現在も自分たちは隷属状態にあると説明されている。彼らは、次のような解放のヴィジョンを語る。奴隷解放とは、植民地支配にまつわる補償の一環としておこなわれるべきもので、大西洋をまたいで生きる、自分たちの先祖や地域に対する補償のひとつが、アフリカへの帰還だというものである。

　そして、帰還のプロセスについてもイメージがある。帰還が実現する際に人々は、このコミューンで手続きをして、目の前に広がる海からエチオピアあるいはアフリカ各地に船で戻るべきだとされている。この船には名前もある。それは、セラシエの戴冠を予言したとされる、ジャマイカ人の黒人活動家でビジネスマンの

在ジャマイカ（エジプト）・エチオピア大使館と書かれたボード

マーカス・ガーヴェイ（1887-1940）の会社が所有する船の名、ブラック・スター・ライナーである。先に西アフリカのことを書いたので、ブラック・スターと聞いてサッカーのガーナ代表を思い出す人もいるかも知れない。ガーナと聞くと、ボボのコミューンの建物の多くはガーナ国旗の柄に塗り分けられていたということを思い出した人もいるだろう。実は、ここには大西洋をまたいだ深いつながりがある。

　マーカス・ガーヴェイという人は黒人地位向上協会（Universal Negro Improvement Association）という組織をアメリカで作って、リベリアでの黒人王国の設立とか、黒人中心の経済網の確立などを主張していた分離主義的な人物だ。そして、このようなガーヴェイの思想に、ガーナの初代大統領クワメ・エンクルマ（1909-1972）は強く共感していた。このことが、ブラック・スターズという、サッカーのガーナ代表の愛称の由来である。それだけでなく、ボボの創設者エマニュエルは、1957年のガーナの独立後の1958年3月1日から約2週間、アフリカ帰還を要求する大規模な集会をキングストンのダウンタウンで開催していて、この日はグループの設立日とされている。ただ、そこから60年以上も経っているし、当然、ボボのなかも一枚岩ではないので、エチオピアを入口として、そこからガーナに戻るべきだという人がいれば、肉体的なルーツとしてはより近いガーナに直接戻るべきだという人もいる。いずれにしても、不法（無法）に連れてこられた人々が戻る際には、近代の制度である大使館というものを介さなければならない、という事実もまたボボと近代のひとつのもつれ方である。

　それでは、エジプトの話に進もう。このエジプトは旧約聖書の『出エジプト記』のエ

ゲート・ハウスにかけられていた絵。
下にある船にはブラック・スター・ライナーと書かれている。

調査では頻繁に聖書の話が出るので、
最初のころはノートと合わせて聖書を持ち歩いていた。

ピソードに由来している。このエピソードは、エジプトで暮らしていたイスラエルの民が、ファラオ（王）に奴隷化されるのだが、モーゼが彼らを率いてエジプトを脱出するというものである。紅海を二つに割って進んで追手から逃れたという話や、シナイ山で十戒を授かった場面は知っている人も多いだろう。ここまで書くとジャマイカがエジプトと併記されている理由に気づくだろう。ジャマイカは、エジプトなのだ。ボボが、現在も自分たちは隷属状態にあると言い、そこからの解放の要求をするとき、アフリカ帰還は単なる政治的主張を通り越して、自分たちこそ救済されるべきだという選民思想とも結びついていく。場所との結びつきを強調するところに注目するなら、イスラエルへの帰還を主張するユダヤ教徒のシオニズムと同じ系統に位置づけることができる。

ボボの「歴史」をどう受け止めるべきか

　ここで、この先の話とも関わる重要な問いが出てくる。それは、このようなボボの主張をどのように受け止めるべきなのか、ということである。少し前に「近代への別の入り方」という言葉を紹介したが、この言葉は、時代や地域によって、ある程度似た「近代への入り方」が存在した可能性は排除しない。そして、実際に、植民地化をきっかけとして、近代的な制度やキリスト教の選民思想がローカル（土着）のコンテクストに出会ったときに予想外の文化変容が起きて、しばしば新たな集団が出現している。

　そのような現象については、宗教人類学と呼ばれる分野の研究として

主に議論されてきた。たとえばフィジーのヴィチ・カンバニ運動（1910年代〜）［春日2001］では「会社」、ラミ運動（1940年代〜）［丹羽2009］では「協同組合」という近代的制度と現地の土着の集団運営の論理が混じり合った新たな集団ができあがった。ユダヤ・キリスト教的な救済願望・預言者出現願望の要素が強いものとして、同じ南太平洋では、ソロモン諸島のクリスチャン・フェローシップ・チャーチ（1960年代〜）［石森2011］や、地域を変えれば、コンゴのキンバング運動（1920年代〜）［バランディエ1983］などもそのような例としてあげることができる。

　このような運動は、『虐げられた者の宗教』(1976) の著者、ランテルナーリの見方のように、当時の西洋人の目線を基準として「非理性」や「狂気」と分類されることがよくあった。しかし、植民地が続々と独立国家になっていったことや、現地人の研究者からの批判が出てきた、いわゆるポストコロニアルの時代を経て、このような外部からの一方的な査定の眼差しは批判の対象となっていく。ラスタの場合も同様で、初期の新聞記事や報告書では、差別的なニュアンスを持つ、ラスタファリ・カルトと呼ばれていた。その後、現地西インド諸島大学の研究者たちによる、ラスタにかなり理解を示した報告書が出されたことや（1960）、ジャマイカが独立を迎え、旧宗主国であったイギリスの影響を脱しながらナショナル・アイデンティティやエスニック・アイデンティティが模索されるなかで、ラスタへの好意的な見方が増えてきたことなど、これまでいろいろなプロセスを経て、ラスタファリ運動とかラスタファリアニズム、ラスタファーライという呼び方へと変わってきた。

　1962年に独立国家になったジャマイカでは、かつては規範のように存在していた、旧宗主国のイギリス的価値観とは異なる自分たちらしさが求められるようになった。そのような時代状況で、ラスタの、アフリカ的とされる要素を礼賛する側面は肯定的に評価され、

ジャマイカの宗教分類	
プロテスタント	64.8%
カトリック	2.2%
エホバの証人	1.9%
ラスタファリ	1.1%
無宗教	21.3%
その他	6.5%
不特定	2.3%

2011年 国勢調査

ラスタは社会の中に「いるのが普通」の存在になっていった［Edmonds 2002］。このことは、カルトとして迫害され、場合によっては虐殺されてきたことを思い返すと、前向きに捉えるべきことである。このあいだで、主流社会（マジョリティ）の人々の平均的なラスタ認識が、「あの人たちは頭がおかしい」というのから、「あの人たちはそう考えるようだ（本当は違うけど）」に切り替わったと言うことができる。ただ、これでは、冒頭に書いた、「ボボの人々の世界との向き合い方を、僕たちはどう理解できるのか」という課題への答えとしては不十分だ。

そこで、簡単な思考実験をしてみよう。「ボボ・シャンティは在ジャマイカ（エジプト）・エチオピア大使館である」という言明に対して、僕たちはどのように向き合うことが可能なのだろうか。一緒になって「そうだ」とか「そうであるべきだ」とか「そうかもしれない」と自分なりに実感することは可能だろう。異文化に入った人類学者がフィールドワークで最初に求められるのは、このような想像力を鍛えることである。歴史学者ということにはなっているが、そういった試みをギリギリまで推し進めた研究の例として、僕が院生になりたての時に読んだ、オーストラリア・アボリジニの研究をした保苅実さんの『ラディカル・オーラル・ヒストリー』（2004）をあげることができる。これは、異文化の人が語る、僕たちが習ってきた歴史の語り口からすると「間違い」とされる歴史を真に受けることで、自分たちの歴史の捉え方を揺るがしてみるというとてもラディカルなものである。彼は、「客観的事実」としては誤りとされる、「ジョン・F・ケネディが自分たちの農場に来た」というアボリジニの語りを、「本当に来たのかも知れない」と真に受けるところから、彼らに見えている世界について論じようとした。

研究者見習いとして僕が最初にやらなければならなかったのは、ボボで出会うラスタたちが語るアフリカや黒人の歴史、植民地支配の歴史、同時代の状況の分析に耳を傾けることで、「客観的事実」とのズレを点検することだった。学問としては当然の作業だけど、そういった作業をやっているあいだに気づいたのは、僕はラスタにはならない、ということだった。彼らの語りの根底には、セラシエやエマニュエルへの強い思

い入れや、そうでなくてもラスタ的な世界の捉え方があって、そこでは客観的な検証への関心は低い。宗教的な信念といってもいいが先に求める答えがあり、そこにたどり着くために情報を整理するというのがたいていの彼らのものの見方で、僕はその世界を疑わずに真に受けることはできなかった。僕には、彼らの世界に浸りきるのではなく、その内と外を行き来することの方が向いていた（ただ、これはラスタの場合、ある程度正確な事実認定ができる歴史が関わっていたことも関係しているかも知れないし、日本で生まれ育った人間として感覚的に理解しやすそうな、アニミズムなんかがテーマだったら、違ったような気もする）。

　僕は博士論文を仕上げるまで、2年弱をジャマイカで過ごした。その間、ボボでセラシエには会わなかった。エマニュエルにも会わなかった。ただ、保苅さんのアボリジニの話のように、セラシエがボボに来たと語る人はいたし、1994年にエマニュエルが亡くなる以前からボボで暮らしていて、彼を身近に感じながら生きている人たちと共にいた。そして、できる限りその感覚に寄り添おうとしながら過ごしてきた。次章から第7章までは、彼らの語りやエピソードに迫りながら、彼らの生きる世界について書いていきたい。

第4章
神を体現する生き方

コミューンの日常

　そもそも、ボボを始めたエマニュエルとはどういう人物だったのだろうか。彼は1909年か1911年にジャマイカ島南西部のセント・エリザベス教区のブラック・リバーで民俗宗教、プクミナ教徒の家に生まれて、1994年に亡くなった。

　彼の青年期に関する資料はほとんど存在していない。信徒のひとり、ニューランドによると、幼少期のエマニュエルは両親の飼っていた牛のミルクの行商で家計を支えていたという［Newland 1994:3］。1933年にキングストンに移住し、ダウンタウンの南側のスラムの一角で生活を始めた。キングストンでは、塗装工やパン屋の配達をしたり［van Dijk 1993:17］、数名の仲間と共にかき氷を売ったりして生計を立てていたようで、1941年頃にはジャマイカ国防軍付きの大工として働いていたらしい［Newland 1994:3］。

　彼がラスタファーライに出会った経緯も分からない。ただ、1930年のハイレ・セラシエのエチオピア皇帝への戴冠から間もない時期に、ラスタファーライが胎動をはじめた最前線だったキングストンのダウンタウンにいたことはたしかである。彼がラスタの歴史に登場するの

は、1958年3月1日にアフリカ帰還集会を開催し、3000人とも言われるラスタを集めてからである。その後、1966年に当時の拠点が破壊され、1970年代初頭から徐々に現在のブル・ベイに拠点を移し始めた。

　ボボのコミューンとはどのようなところなのだろうか。段階的に不法占拠地を広げながら発展してきたところなので、外部との境界も曖昧で、正確な広さを知ることは困難だが、バリー・シェバンズはその広さを2ヘクタール（20,000㎡）以上と書いている [Chevannes 1994:173]。そのうち、平地はごくわずかである。ゲート・ハウス、ロイヤル・キッチン、ロイヤル・レストランはかろうじて平地にあり、それらに囲まれるように、屋外の礼拝用の空間がある。あと、この礼拝用の空間の東側にエルサレム・スクールと名付けられた礼拝場と、オフィスがある。2000年代の半ば、オフィスには唯一のパソコンがあり、それはシズラから寄付されたものだと聞いた。これらの建物のあるあたりは、公共の空間であり、次に説明するプライベートな空間とは区別される。この、公共の空間の真ん中には7本の旗が立てられていて、そのひとつは国連の旗である。その理由は、ジャマイカ政府の管理が及ばない治外法権のエリアだということを示すためだと言う。そして、国連はエマニュエルが作った機関だとも言われている。

　このような公共の空間を取り囲むように、信徒が暮らす小屋がその奥の丘陵地にぽつぽつと建っている。僕はオフィスの脇にある一時滞在者用の2部屋からなる建物の1部屋を使わせてもらっていた。建物は全て木造で、窓はなくて、その代わりに光と風を取り込むためのウッドシャッターが2カ所にあった。室内や外廊下の床は赤のペンキで塗られていたが、塗料が良くないのか、歩くと足に色が付いた。部屋には裸電球がぶら下がっていて、その電気はゲート・ハウスにある発電機から来ていた。携帯電話の充電もゲート・ハウスでやっていることが多かったような記憶がある。

　滞在していた部屋は風通しのいいところにあったので、陽射しさえ避けることができれば、日中でもそれなりに暑さをしのぐことができた。部屋のベッドは古くてそこで寝る気にはならなかった。最初の方は室内

ある朝の礼拝の風景

の床で転がって寝ようとしていたのだが、部屋に入り込んでくる蚊に何カ所も刺され続けて痒くて眠れないので、外廊下に出て、体の近くで蚊取り線香を焚いてそこで寝るようにした。別の部屋の話し声や小さなトカゲが鳴く声を聞きながら寝るのは悪くなかった。あと、星がよく見えたので、夜中目覚めたときなど、たまに建物の外にあるベンチに出て眺めたりしていた。ふもとでやっているレゲエのダンス・イベントの音が聴こえてくるのも、自分がいま別の世界にいることを実感できて良かった。

　朝方になると、礼拝用の空間での儀礼開始を知らせる拍手の音が暗闇の奥から聞こえてくる。この空間では、午前6時、正午、午後6時に礼拝がおこなわれるのだが、朝のものは2時間程度とかなり長かった。

　ボボでは男性は修行段階によって、2種類の司祭（リーディング・プリーストとアクティング・プリースト）、2種類の預言者（リーディング・

第4章　神を体現する生き方　　31

プロフェットとプロフェット）に分けられ、女性は主に年齢によってエンプレスとプリンセスに分けられている。朝の礼拝は大抵、アクティング・プリーストかリーディング・プロフェットが仕切るのだが、新入りのプロフェットはなるべくそこに参加するようにとされていた。なお、彼らは、ボボ男性の正装であるローブとターバンを着用する権利を得ておらず普段着なので、一目で判別できる。

　始まる頃は涼しいものの、朝靄の時間帯が過ぎると、あとは強い陽射しにさらされることになる。そのため、礼拝が終わる頃にはしっかりと汗をかくので、僕は参加するのは好きではなかった。朝の礼拝の参加者数はまちまちだったが、それぞれの部屋やオフィスにいる信徒たちの耳にも届いていて、礼拝の終了時にはさまざまな場所から拍手の音が聞こえてきていた。この時間帯が過ぎると、外で売るためのホウキを作り始める人や、農地に向かっていく人、コミューンの外にある仕事のために出かけていく人などの気配で、コミューン全体が動き始める。

エマニュエルとその信徒

　次に、コミューンで暮らす人々の話をしたい。修士課程の2年目、本格的に調査を始めた2006年8月時点でのデータを紹介する。当時、オフィスには174名の信徒の名前が登録されていたが、ボボを称する人が必ずしもこの台帳に登録されているわけではなく（むしろ、登録されている方が少ないと考えられる）、この174名のなかには、長期間コミューンを離れている信徒も含まれている。実際のところ、このときに日常的に顔を合わせていたのは、男性54名、女性14名の計68名だった。男性の場合半数の27名が21〜40歳で、女性の場合も半数をこえる8名が21〜40歳だった。

　ここで、ボボにおいて「信徒になる」（入信する）とはどういうことか考えてみたい。ラスタでは一般的に彼らを抑圧するような社会体制をバビロンと呼び忌み嫌う。ボボでも、信徒になったことについて、「バビロンを去った」と表現する信徒もいた。これは、実際に自分が暮らし

ていた場所を離れるという物理的な面と合わせて、精神的な面での主流社会からの離脱がラスタの世界では重視されていることを示している。そうでありながら、彼らは自分たちがラスタに「なった」とは滅多に言わない。ほとんどの信徒は第一世代のラスタであるにもかかわらず、である。その代わりに、自分たちがもともとラスタとして生きるように生れ落ちていたことに「気づいた」という言い回しを使うことで、意思ではなく、運命によってラスタとして生きるようになった点を強調することが多い。

第一世代ということは、ほとんどの信徒の出身家庭はボボではない、ということである。僕が調査をしたとき、成人の信徒男女合わせて58名のなかで、キリスト教各派の家庭出身と答えたのは28名だった。ラスタの家庭出身者は3名。実は回答してくれなかった人が25名いて、この多くはキリスト教各派の家庭出身者だと考えられる。その理由は簡単で、ローマ教皇の祝福を得た多くの船が植民地支配や奴隷貿易に加担してきたと言う事実と関わっていて、ラスタの文脈では、現在もキリスト教はバビロンによる支配を下支えしているとされているからだ。

信徒について考えるときに大切な出来事がひとつある。それは、1994年5月のエマニュエルの死去だ。男性54名のうち、彼の生前に信徒になり、対面経験があったのは20名、32名は彼の死後の入信であり、2名は信徒として出生していた。女性14名のうち、生前に信徒になったのは3名、11名は死後に入信していた。ほとんどの信徒が第一世代だと気づいたときに、僕が最初に気になったのは、彼らはどのようにしてボボにたどりついたのか、ということだった。最初に、調査

ふもとには「プリンス・エマニュエルは常に生きている」と書かれたトタンがあった。

第4章 神を体現する生き方　　33

時60代だった男性信徒の語りを紹介したい。

　　キング（エマニュエル）には、1968年のある水曜日に出会った。おれはベックフォード・ストリートでラスタ向けのズボンやベルト、シャツを売っていた。自分はセント・メアリー教区出身なんだけど、キリスト（もともとは「油を注がれたもの」の意味で救世主を指す）の持つ磁力に引かれてキングストンにやってきたような気がしている。ともかく、水曜日の明るい時間帯に、おれは仲間と話をしていた。ベックフォードからブルックリンに折れる角のところにおれはもたれかかっていて、仲間は歩道の縁石に腰を掛けていた。そこに、長くて先の折れた鉄製の杖を持った、赤いローブをまとった背の高い人物が来て、その角を曲がるときに、こっちを向いて、「愛こそ神で、愛は赤い色をしている」といった。それが彼との最初の出会いだった。それは、起こるべくして起こったことなんだ。彼に会ったときに、どう感じたかというと、心が躍るようだった。生きているということを感じたんだ。

　この信徒はラスタ関連のアイテムを販売していたというほど、ラスタには身近な生活をしていたのだが、彼のエピソードは、エマニュエルとの出会いのインパクトが彼をグループに引き寄せたということを分かりやすく示している。上に書いたように、信徒のほとんどがエマニュエルの死後に訪れているので、このようなエピソードを語れる人物は、決して多くはない。次に、エマニュエルの死後から間もない1996年にボボになった、若手の当時30代の男性信徒の語りを紹介する。

　　あまり宗教には興味がなくて、（教会の）日曜学校には、ダンスホールに行くように、女の子と仲良くなるために行っていたこともあった。ただ、高校生のとき、それにも飽きて自分自身のことを見つめるようになって、ボボ・ヒル近くの山で自分なりに瞑想をやってみた時期なんかがあった。そしてそのとき、山を通り抜けていく数人のボボに出会い、ここでの生活や教えのことなどを教えてもらった。その後しばらくしてここに来て

みた結果、会議派の教えこそが真のキリスト教だと気づいたんだ。

彼にとって、教会は「神と出会う」場ではなく、ナンパの場でしかなかった(いま思うとシャギー(Shaggy)の"Church Heathen"のような世界だったのだろうか)。ガール・フレンドとの共同生活が可能になる場所という要素が彼を惹きつけた可能性も大いにあるだろう。彼もまた、偶然の出会いからコミューンを訪れていたが、エマニュエルについて行こうと思った最大のきっかけは、夢のなかでエマニュエルと自分が親子のように仲良く語り合っている姿を見たことだったという。彼も含め、エマニュエルと対面したことのない信徒で多かったのは、知人や友人のボボにこの場所を紹介されて訪れた、というものだった。

入信を考えるときに重要なことがもうひとつある。それは外国人信徒の存在である。現在は世界各地にラスタがいて、コミューンのような空間は少ないものの、集会場などは無数に存在していて、この状況が外国からの訪問を容易にしている。ボボで出会った外国人の多くは短期滞在だが、2006年の8月の記録を見ると男性では、アメリカ人とトリニダード・トバゴ人がふたりずつ、ガイアナ、セントルシア、(英領)モンセラットからひとりずつでいずれも黒人だった。中南米出身者もいて、アルゼンチンとプエルトリコからは白人がひとりずつ、コスタリカからから来ていた信徒は先住民系だった。地域や時代によって人種概念も変わるので、アルゼンチンとプエルトリコ出身の信徒は白人系としておくべきかもしれない。そういえば、2005年に予備調査で行ったときにもアルゼンチン人の信徒はいて、まさかボボの正装をして積極的に儀礼に

セラシエがローマ教皇の頭を踏みつけているシーン

関わっている白人がいると考えていなかった僕は、彼は僕よりも先に調査を始めた人類学者なのかも、とまったく見当はずれのことを考えて、彼と話をするまで時間がかかったということがある。女性では、チリ人（白人）とバルバドス人（黒人）がひとりずつ滞在していた。外国人滞在者を数えるときにはいなくなっていた、2005年に話を聞いたバルバドス出身の男性の語りを引用してみる。

> ボボはバルバドスにもたくさんいるし、ボボのラスタが歌うレゲエもいろんなところでかかっている。だからここのことを知るのは簡単。おれはラスタになって日が浅いけど、ここの教えに興味を持って学校が休暇の間に来てみたんだ。

　居住者のほとんどが、元々その島の居住者ではないカリブ海地域では、ディアスポラに関する会議も頻繁に開かれていて、そのようなアカデミックな場を通じてラスタに惹かれるものもいる。プエルトリコから訪れていた男性は大学でカリブ地域ディアスポラに関する会議に参加したことでボボに興味を持つようになって訪れたという。次に、アフリカ系アメリカ人信徒の語りを紹介したい。

> 自分のルーツに関心があって、アフリカを旅している最中にエチオピアのシャシャマネでラスタと出会いボボ・シャンティの存在を知った。

　彼はルーツ探しの一環として出会ったというが、アメリカではこのような試みはよくおこなわれていて、ラスタと同じようにルーツを追求するなかで、実際にアフリカと相互に影響を与え合いながら形を変えていく実践も多く存在する（cf. 小池郁子のオリシャ崇拝運動研究など）。コスタリカ出身の信徒の場合も同様に、自分のルーツへの強い関心があったことを説明してくれた。また、外国人信徒の場合はレゲエというメディアを通じてラスタ、ボボの存在を知ったと説明する傾向が高かった。ただ、ボボではレゲエの位置付けは低く、積極的にレゲエの影響について

語るのは望ましくない雰囲気だった（ボボとレゲエの関係については第5章と第6章で触れる）。

　半数以上の信徒がエマニュエルと対面した経験がないということを知ったとき、エマニュエルがいた時代といなくなった時代では、ボボのあり方もかなり変化しただろうと思い、その変化を見ることができなかったことがとても残念だった。現に、調査を進めていくうちに、過去との変化に言及する信徒が多く、エマニュエルがいなくなったことは、集団の意思決定やその他の運営に大きな影響を与えたことが分かった。ボボの正式名称にはcongressという単語が入っていて、合議制だということが強調されていたけれど、中心がなくなったことで、信徒たちで決めて動かさなければならないことばかりになっていったのである。

神は人を通してのみ見ることができる

　僕が学部生でボボのことを知ったときには、彼が亡くなって7年が過ぎていたし、調査を始めたのは11年後のことだった。ただ、それではエマニュエルがいた当時の様子や雰囲気をまったく想像できないかと言われるとそうでもない。ネットに出回っている写真や映像は古くて、あまり想像力をかき立てなかったのだけど、ある信徒は、僕の滞在していた部屋の外廊下を彼がどのように歩いていたかを描写してくれたし、彼のことを喜びに満ちた表情で語る信徒の顔を見て、確実に集団の中心で注目を集めていたエマニュエルという人がその空間にいたことを、少しは想像することができた。

　エマニュエルの思想にもとづく、個々の信徒の立居振舞いに関わる言葉で、とても気に入っている考え方がある。それは「神は人を通してのみ見ることができる」というものだ。この考え方はボボで学習用に使われているテキスト『黒さの優越』（通称Black Supremacy Book）で何度も言及されているのだけれど、「正しい人間は神の受肉した存在で、誤った人間は悪魔の受肉した存在」[E.A.B.I.C. n.d. :52]という表現で、標語のように語られたり、もっとシンプルに「良い人間は神＝人（A Good

中央がメインのテキスト『黒さの優越』（通称Black Supremacy Book）

man is a God man）」と言われたりする。

　神と悪魔の対立関係は、ラスタとキリスト教、黒人と白人、ザイオンとバビロンのような二項対立とかかわっていて、論理はシンプルでわかりやすい。ただ、人間を悪魔的と形容することについては、実は感覚的にはあまりついていけていない。実際には、ボボと話をしているときに、後半部のようなネガティブなことを聞く機会は少なくて、むしろ、「神を体現するためにはちゃんとした立居振舞いをしないといけない」というような心構えを語っているように聞こえた。僕は、いろんな姿かたちの人間が、それぞれの肉体を通じて神を体現する、というアイデアがとても気に入っている。

　ローブやターバンをまとうこと、コミューンのなかではシャツはズボンに入れること、大声を出したり走ったりしないこと、すれ違うときに挨拶をすること、そういった決まりの根底に人を、神性を帯びた存在に格上げする論理があると思うと、よれたTシャツや破れかけたサンダル

で歩いている人まで神々しく見えるから不思議だ。そして、この考え方を自分にまで延長して、何より、そのような立居振舞いの根拠になっている自分の体は、良いものを食べ、清潔に保ち、丁寧に扱わないといけない、と思うときもあった。

第 5 章
レゲエは「悪魔の音楽」なのか?

Reggay is Death

　現在は消えているが、2012年4月5日、YouTube に "Reggay is Death" と題された動画がアップされた。動画には15人の男性と2人の女性が出てくる。フランス語の字幕がついたバージョンは残っているので興味のある人はしっかり見て欲しいのだけれど、ここではコメントと必要最低限のことを押さえた簡単な訳だけを書いておきたい。

I and I as Bobo Shanti don't take part in reggae / dancehall music. Our father, the Rt. Hon. King Emmanuel Charles Edwards teach I and I that reggae / dancehall and other kind of outa world music is satanism. All artists (even those with turban on their head) don't live after Melchizedek teaching cause Melchizedek the high priest King Emmanuel Charles Edwards says no to reggae!!!!!!

（訳）ボボの信徒であるわれわれは、レゲエ／ダンスホールとは関わらない。われわれの父、エマニュエルはわれわれに対して、レゲエ／ダンスホールと外の世界のすべての音楽は悪魔崇拝（的）だと教えた。すべて

のシンガーやディージェイたち（頭をターバンで覆っているものでさえ）はメルチェギゼクの教えに従っていない。というのも、司祭エマニュエルはレゲエに「NO」を突き付けたからだ。

　レゲエ／ダンスホールという書き方がされているのは、レゲエという語に大きくふたつの意味があるからだろう。ひとつめは、1960年代後期から1980年代初期まで流行した音楽の一形式としてで、ふたつめは、1980年代中期以降流行している、ダンスホールも含む、レゲエ以降のジャマイカのポピュラー音楽全般を指すものとして、である。ここでは後者の意味が適当だろう。書かれていることは、要は、ボボの信徒はレゲエは良くないものだとしたエマニュエルの言う通り、レゲエ／ダンスホールとは関わらない、ということである。重要なのは、カッコで補足された「頭をターバンで覆っているものでさえ」という部分の持つ意味である。
　レゲエやラスタに対してある程度以上の知識を持っている人は、ここで言われている「頭をターバンで覆っているもの」の候補を何人もあげることができるだろう。有名どころでは、すでに名前を出したシズラやケイプルトン、アンソニー・ビーをはじめ、ジュニア・リード（Junior Reid）、ジュニア・ケリー（Junior Kelly）、タービュランス（Turbulence）などの名前がすぐに出てくる。ここでは彼らをボボ系アーティストと呼んでおきたいのだけれど、彼らは、自分たちの曲中でボボに関わる歌詞を歌うこともあるし、ステージ上で、それらしいことを言うこともある。たとえば、よく耳にする、「Holy Emmanuel I, Selassie I, Jah Rastafari」というのはボボの聖句である。そして、これも大事なことなのだけど、むかしの僕や、前章で紹介した外国人信徒のように、ボボ系アーティストとの出会いをきっかけにボボを知る人はたくさんいる。
　自分をボボだと称する、あるいはボボのようにふるまいながら活動しているアーティストたちの言動に対して、信徒としてふさわしくない、という意見や、そもそも信徒と呼ぶに値しない、という意見などがあって、このような動画が制作されたようだ。前章で書いたように、必ずしもオフィスの名簿に登録されているのが現役のアクティブな信徒とは限

らないことから、どこからどこまでが集団を代表できる信徒なのかは明確ではない（なかに複数の意思決定の集まりもあるのだけど、ややこしいのでここでは立ち入らない）。そういうこともあって、僕は、これは集団の総意で制作されたものではないと理解している。

　エマニュエルは、信徒がレゲエに参入することには否定的だった。しかし、実際のところ、ボボ系アーティストが注目を集める以前から、なにかしらの交流を持っていたミュージシャンは存在していたようなので、レゲエ・シーンで活躍するミュージシャンに教えを授けることは厭わなかったというのが本当のところだと思う。

　それを踏まえて、少しだけ、実際の動画の中身についても説明しよう。動画内のインタビュアーの質問は非常に漠然とした「レゲエについてどう思うか」というもののため、信徒の答えにはレゲエ一般に関するコメントとボボ系アーティストに関するコメントが混在している。やはり、一番多かったのは「レゲエは悪魔の音楽である」と断罪するもので、その他には、「音楽は魂を豊かにするべきものだが、レゲエは社会を混乱させるものである」「犯罪の温床」「レゲエは死の音楽で、死んだ哲学を歌うものである」「レゲエに参入することは、ライオンの口に入っていくような危険なこと」「植民地主義の影響を受けたファッションや思想を体現している」など口々に語られている。レゲエが「悪魔の音楽」と言われる際、それと対立するものと位置づけられている「神の音楽」は、儀礼音楽のナイヤビンギであ

キングストンのレコーディング・スタジオの壁画

る。2006年の調査でインタビューした50代の男性信徒は次のように語っていた。

> 『ダニエル書』に書いてある悪魔の音楽とはレゲエのことだ。ステージを走り回って奇声を上げるような、あんな音楽は正しい音楽ではない。「1，2，1，2」という心臓の鼓動と同じリズムで世界と一体化させてくれるのがナイヤビンギだ。

また、2005年、別の30代の男性信徒は僕がボボを知ったきっかけがレゲエだったと言った際、次のように語っていた。

> レゲエを、人をラスタに目覚めさせるものと言う人もいるかもしれないが、ナイヤビンギこそが、人をラスタに目覚めさせるものなんだ。人はもともと神の方を向いている存在なのだから、シズラやケイプルトンといったディージェイの影響下でラスタに関心を持つわけではない。ディージェイをフィルターとして通すことなく、直接神と向かい合うことができるのだから、彼らの音楽との出会いには大した意味はない。まず人として生まれた瞬間からお前のなかに神は住んでいて、たまたま彼らをきっかけに反応しただけなんだ。神聖な方、エマニュエルも、レゲエは人を神へと導くものではないとおっしゃっていたんだから。

彼の見解は、とても腑に落ちるものだった。要は、リスナーはアーティストに神聖性を覚えるかもしれないが、そこにとどまらず、ラスタファリの真髄に近づくべきだ、ということだ。言い換えると、音楽やアーティストに憧れ、彼らから学ぼうとするのではなく、彼らも参照している神そのものに接近しようとするべきだ、ということだろうか。ここで思い出されるのは、前章で紹介した「神は人を通してのみ見ることができる」というメッセージだ。たしかにアーティストが神を体現しているように映る場面や瞬間もあるだろう。ただ、ここで前提になっているのは、神は人が体現しきれるようなものではないという、圧倒的な非対称性であ

る。アーティストを批判する、あるいは距離を取る信徒たちは、アーティストよりもそのことに自覚的なのではないだろうか。

　レゲエに対する否定的な意見は、音楽の性質の違いによるだけでなく、アーティストたちの日々のふるまいを根拠とすることも多い。ボボ系アーティストに関して最も批判されるのは、彼らが信徒として適切な方法で安息日を守らないことに対してだった。次に引用するのは、何名ものボボ系アーティストと出会ってきたという60代の男性信徒の2006年の語りである。

　　身を清め、神をたたえ、生を受けたことを感謝するのが安息日なのに、彼らはその日に歌い、酒を飲み、金を稼ぐ。安息日を聖なる状態で過ごせ、というのがエマニュエルの教えだった。彼らのなかには、修行を積み、ターバンを巻く（ことを許される）ようになると二度と戻ってこない半端者も多い。

　ボボでは、金曜の夕方18時からの24時間が安息日とされていて、外部からも信徒が訪れる。そのあいだは真っ白な衣装に着替え、俗事から切り離された生活を送ることが求められている。働くことは禁止され、テレビやラジオなどの娯楽も禁止される（僕にとってはメモを取ることは仕事でもあるので禁止された）。禁止と言うとネガティブに響くが、信徒どうしで自分たちの世界を共有（分有）する大切な機会だと考えると、俗事と距離を置くことはポジティブな契機でもある。

　つまり、安息日を「聖なる状態」で過ごさない人間は、信徒として別の方向を向いている、あるいはしっかりと同じ方向を向こうとしていない、ということになる。神の方を向き、背中で神のことを語ろうとするのが理想的な

シズラの活動拠点ジャッジメント・ヤードの外壁

信徒像だとすると、アーティストたちは、神に背を向け、自分の目の前にいる人々に対して、神のことを中途半端に語っているようにとらえられているのである。内面は見えないけど、日々の言動からある程度は読み取れるというのは、どこの世界でも一般的なことだ。

ただ、いそいで付け加えると、ボボ・ヒルで暮らす人のなかでも信仰の濃淡はあり、そのこと自体はアーティストにも外部で暮らす信徒にも当てはまる。したがって、アーティストや外部にいる信徒のなかに、ボボにいる信徒よりも熱心な人はいる。ただ、全体の構造として、ボボが聖なる空間として中心に位置していて、アーティストの拠点（一部は自分の礼拝堂や礼拝空間を自宅やスタジオ敷地に作っていることもある）や、外部の生活空間は周辺に位置しているとは言える。

ボボの聖性と経済

ここから先、次章までこの「中心と周辺」という関係を利用して、ボボの聖性と経済について考えてみたい。安息日の説明が物語るように、ボボでは現金獲得に対して高い価値は置かれていない。もちろん、あるにこしたことはないのは事実だが、決して経済的に潤っているわけではない。儀礼を重視する生活でもあるため、労働にかけられる時間も限られているし、専門職として高給を期待できるような信徒も限られている。大学の教員や歯科技工士といった、安定的な職業に就いていた信徒もいたが、彼らはそのような俗世から離脱してきたので、全体としても個人としても、経済状況は慢性的に良くない。

レゲエでボボに関してどのようなことが歌われてきたかと考えると、すぐに彼らの特徴的な出で立ちである、ローブとターバンの話が出てくる。では、経済に関してだとどうだろうか。すぐに連想されるのは、たとえばジョジー・ウェールズ（Josey Wales）の"Bobo Dread"(1983)で歌われている、ホウキの行商である。実際にホウキはボボで非常に重要な存在であり、主要な現金獲得手段のひとつになっている。

しかし、なぜホウキなのだろうか。まず、技術的な点から言うと、高

度な技術は必要ではないこと。コストの点から言うと、自然からとれるものや廃材を使うこともあるので安いこと。ボボでは街なかに拠点があるときから、ホウキの製作・販売を経済活動のひとつとしてきていた。ジャマイカでは、掃除道具としてのホウキには、昔と比べると需要は減っていると思うが、現在でもそれなりに需要がある。しかし、それだけでは、なぜホウキなのかという理由の説明としては不十分である。もっとも大切なのは、彼らが現在も故地からの離散状況にあるという宗教的信念が関係していて、ホウキを製作することは、その信念とセットになっている行為なのである。

ホウキを販売する信徒

　第3章で、『出エジプト記』の世界を現在のジャマイカと呼ばれている時空と重ね合わせてボボの世界観が設計されていることを説明したのを覚えているだろうか。ここには、ファラオに抑圧されるイスラエルの民のことが書かれている。『出エジプト記』の1章14節には、「粘土こね、れんが焼き、あらゆる農作業などの重労働によって彼らの生活を脅かした。彼らが従事した労働はいずれも過酷を極めた」と書かれている。5章7-19節を見ると、ワラを用いて当時のれんがは作られており、その材料もイスラエルの民は自分たちで集めるように命令されていたことが分かる（日干しれんがはワラの他に粘土や、場合によっては貝殻なども混ぜて作られたようだ）。

　ボボでは、ワラはホウキの穂（掃く部分）と穂先に用いられる。れんがを作るためではないが、このワラを通じてボボは聖書に記載されてい

るイスラエルの民とつながる。あるいは重なる。つまり、ホウキを製作することは、自分たちは現在も「イスラエルの民として捕囚下にある」という状況を意味するものであり、同時に生計を立てるための手段にもなっているということである。このように、俗世と接触する現金獲得活動自体を、聖なる行為と位置づけたエマニュエルには、コミューンのリーダーとしての高い素質がそなわっていたということができるだろう。

　次章では、ホウキについてもう少し詳しい紹介をしながら、ほかの現金獲得手段についても紹介をしていく。そこから、ボボ・ヒルと外部の中心と周辺の聖性をめぐる絶妙なパワーバランスについて考えていきたい。

第6章
ホウキとバッジとレゲエとの関係

聖俗を架橋するホウキ

　前章でホウキ製作は経済活動であり、ボボの信徒のアイデンティティにとっても大切な行為でもあるということを述べた。ホウキは卓上を掃く小さなものから天井まで届くような長いものまであって、僕が調査をしていたとき、値段は100ジャマイカドルから400ジャマイカドルぐらいだった（2006年のレートで140～560円程度）。
　ボボの信徒の多くは丁寧に掃除をする。コミューン内の小道はきれいに掃き清められるし、床の拭き掃除まで丁寧にやる信徒もいる。住居や生活空間をきれいにするのは、その目的がわかりやすいが、掃除をすることは邪悪なものを追い出したり、それらと距離を取ったりするためとも言われる。日本でも同じようなことを聞くことはあるので、とてもしっくりきた。特にダウンタウンのバスターミナル周辺の猥雑さとか散らかった様子に驚かされた身としては、掃除をする彼らの姿はお寺でお坊さんが掃除をしている姿と重なって新鮮だったのを覚えている。コミューンという、世俗と違うルールで動いている世界だと思っているからだろうけど、安息日の前にほとんどの信徒が掃除をしている姿を見たり、その音を聞いたりすると、少しずつ聖なる時間へと切り替わりつつあること

を実感したりもした。

　話を戻すと、ホウキには掃除という一般的な用途があるため、まったくラスタと関係のない人も買ってくれる。バスで街なかや住宅地に移動して行商することがほとんどで、長いホウキの場合は1，2本、普通のサイズのものの場合も多くて5，6本ぐらいを持ち歩くのが限界という感じだった。長袖長ズボン、そうでないときはマントを身に着けた彼らがホウキを肩にかけて颯爽と歩く姿は一見異様だが凛々しくて好きだった。何度か行商に付き合ったことがあるが、信徒の馴染みの顧客の女性には、「今日は中国人のラスタ仲間も一緒なのね」とからかわれたこともある。

ボボのファッション化と反動

　ボボで暮らす彼らの経済活動のなかではバッジがとても面白かった。ホウキと同様にバッジも男性のみが作っていた。ボボ系のアーティストがステージで手にしているときもある短い杖なども作り手、使い手ともに男性に限られるのだが、バッジにも基本的に同じルールが適用されていた。大きく分けると男性的なカテゴリーに入る「聖なるもの」のひとつだと言うことができる。

　正装のときでも普段着のときでも信徒の胸には、このバッジがついていることが多い。スタンダードなモチーフは、人物ではセラシエや王妃のメネン、エマニュエル、ガーヴェイ、その他ではアフリカやライオンなどである。バッジはたいてい、ベニヤ板かココナッツの内側の硬い殻をベースに作られる。値段は安いものが50ジャマイカド

ホウキの穂

第6章　ホウキとバッジとレゲエとの関係　　49

バッジを販売しているコミューンの外のボボ

ルで高いものが300ジャマイカドルぐらい（70〜420円程度）だが、たいていは100ジャマイカドルから200ジャマイカドル（140〜280円程度）だった。

　こういったバッジをつけることは、ラスタであること、そして場合によってはボボの信徒であることを意味する。セラシエやメネン、アフリカやライオンは宗派の違いを目立たせないモチーフだが、エマニュエルをモチーフとしたバッジを身に着けているのは基本的にボボだけである。ただ、スタンダードなモチーフであっても、背景のラスタ・カラーの配置（上から赤・黄・緑）で、ボボの信徒が作ったものは見分けることができる。このバッジだが、ラスタ系のアーティストが流行と結びついた時期に変化が起きた。

　ギャングスタ・ラスという言葉を自分のキャッチフレーズのように使ったのはムンガ（Munga）というアーティストだが、それ以前にその代名詞のようだったアーティストのひとりがタービュランス（Turbulence）だ。2000年を過ぎた頃が、彼らが流行の最先端だった時期で、彼らは、たとえば当時流行していた主に欧米のブランドもののTシャツにティンバーランドのブーツをはいたりして、地味なアースカラーとかミリタリー系の服を着ていた、それまでのラスタ系のアーティストと一線を画した。2004年のSting（年末のビッグイベント）はラスタ系がメインの年だっ

たし、そこから数年の間に発売されたLPやCDのジャケットを見た限りでは、人前で外してはならないとされているターバンを外し、ドレッドを見せているものも多く、ボボ系のアーティストもファッションがいちばん「乱れている」時期だった。

このようなことが、前章の冒頭で紹介した"Reggay is Death"ビデオの公開という出来事と結びついていったのだ。そして、そのような状況がバッジというモノにも反映されていたのがとても興味深かった。

前ページの写真は8月17日のマーカス・ガーヴェイの誕生日を祝うイベントのときに撮影したもので、コミューンの外に住んでいるボボがバッジを販売している様子だ。スタンダードなものもあるが、多くのマイナーなアーティストの顔がモチーフのものも販売されていた。こういったアーティストは、ボボ的な要素を自分のキャラクターを売り込むための資源として使っている場合が多い。実は、写真の中心にいる信徒も音楽をやっている。そして、これは推測だが、アーティストをモチーフにしたバッジは身近な仲間がグッズのような形で製作し販売しているのだと思う。

というのも、マイナーなアーティストはそもそもその周囲でしか知られていないため、他に彼らをモチーフにしたバッジを作る人は存在しないからだ。また、売れているアーティストが周囲の人間や場合によってはコミュニティを引っ張っているということもあるので、応援するという意味もあるだろうし、彼らが売れたら実際にグッズの売り上げがわずかだが収入源になるということもあるだろう。裏を返すと、多くの人がエリアやコミュニティ、クルーの枠を超えて応援しているようなメジャーなアーティストでない限り、身近なアーティストのグッズしか作りにくいという事情もあるのかも知れない。左の写真のバッジは最近たまたまネットで見つけて購入した

たまたまネットで見つけて購入したバッジ

第6章　ホウキとバッジとレゲエとの関係　　51

ものだが、シズラのジャッジメント・ヤードのクルーが製作したものと説明されていた。

世界との接触の増加

　ボボのお祈りで使われる聖句である「Holy Emmanuel I, Selassie I, Jah, Rastafari」がステージ上や録音された音源上で使われるように、バッジというモノもコミューンを離れ、世界に届くようになっている。こんな未来など、エマニュエルも想像がつかなかったはずだ。そして、彼の想像をはるかに超える形でボボ・シャンティもまた、世界と相互につながり合うようになっている。

　グローバル化は、このような相互のつながりを強くすると同時に、個々の人間を、彼らが生活するローカルな場所から浮き上がった存在へと変化させる。人々は、こうした地に足がついているのかわからないふんわりとした状況で、生活空間から遠く離れた人やモノと接触し関係を結ぶ機会が増える。そして生活空間ではさまざまなフローが活発に行き交うことになる。

　こうした状況を加速化させたのがメディアの発達である。たとえばボボに関する情報も、最初は活字メディアである論文や本の一部として、その後はアーティストの音楽（とその映像）を通じて日本に届けられた。そうしている間に物理的なものを介さない形で、つまりはインターネットの記事や動画共有サイトを経由して得られるようになり、現在は容易にオンラインでつながることも可能になっている。このような時空間の圧縮［ハーヴェイ1999］が進むなかで、ボボ・シャンティの人々もどのように自分を位置づけ、それぞれがどのようにして大切なものを守るのか、という課題に直面しているのだ。

　このようなややこしい書き方をして僕が強調したいのは、ボボのバッジのモチーフにアーティストが描かれるようになったという単純な事実に向き合うにしても、当事者と自分が置かれている歴史的・社会的なコンテクスト（文脈）を無視しては、正確な理解にたどり着くことは難し

いということだ。

　ローカルなコンテクストから浮き上がった人々は、それまでとは別のやり方で安定したアイデンティティを求めることになる。このような状況でアイデンティティは、再帰的（reflexive、反省的）に構築される［ギデンズ2005等］。"Reggay is Death"ビデオの制作者もこのプロセスのなかにいて、ボボとしての、より安定したアイデンティティを求めていたのだ。ボボはどうあるべきかということを、周囲の状況を見ながら再定義することで、自分を安定的なものにしようとしていた、ということだ。複雑化しているレゲエとの関係を、どうバランスを取りながら良いものにしていくのか、ということを模索するよりも、望ましくないものとして切り捨てようとした方が、自分にかかる負担を軽く感じるのも事実なのだ。

　ただ、バッジという具体的なモノに注目することで分かるのは、現実世界には、そう簡単に切り捨てられない複雑さが存在しているということでもある。ボボ・シャンティという空間はエマニュエルが作り上げた唯一無二のコミュニティで、多くの人を惹きつける教えもそなえている。グローバル化が進むなかで存在感を失い、駆逐されることはなかった。むしろ、ボボに関心を持つ人が人種や国籍や母語の違いを超えて世界各地に現れ、そのような多様な人々にとっての安定的なアイデンティティの拠り所として、重要な役目を果たすようになってきている。

　ボボに関する情報は、昔と比べると簡単に手に入るようになった。それは、ボボの人々の自意識のあり方の変化もともなっている。たとえば、2005年や2006年に調査をしていた時は、撮影の許可を得るのに多少苦労したような映像も、数年後には本人たちが積極的にSNSにアップしていたりもするようになって拍子抜けしたのを覚えている。彼らが、誰に、どのように見られるかをどれだけ想定できているかはわからないが（おそらくは多くの日本人のSNSユーザーのように、知人・友人向けがメインだろうけど）、その情報が、ボボに関するリアルな情報として、彼らが想定しなかった人々に、想定しなかったやり方で受け止められているのも事実である。

　ボボがレゲエと密接な関係を結ぶようになって、たしかに内部では葛

藤も生じている。本章ではバッジを手掛かりに考えたが、バッジというアイテム自体はしっかり残っているという点で、ボボがレゲエに飲まれたというよりも、レゲエをそれなりにうまく飼い慣らしながら存続してきたと捉えるべきだろう。そのことは"REGGAY"のミュージック・ビデオからも確認できる。ここでは、ボボにとって不可欠なホウキが出てくるビデオを紹介したい。ひとつめは、カナダのトロントの、移民も多く暮らすエリアのコミュニティからアップされたもので、ジャー・ユース（Jah Youth）とロイヤル・ユートゥ（Royal Yute）という二人組の"Bobo Broom"（2009）という曲で、冒頭でも紹介したような、ホウキの持つ意味について歌っている。映像はホウキで掃除をするシーンから始まる。世俗の汚れを掃き清める道具としてボボのホウキが象徴的に使われているのが分かりやすくて良い。多くのヒット曲のあるマーシャル・アーツ・リディム（Martial Arts Riddim）は個人的に大好きだったのでこのビデオを見つけたときはとてもうれしかった。もうひとつはケイプルトンがフィーチャリングされた"Bobo Man a Chant"（2019）という楽曲に関するもので、こちらはボボの信徒がホウキの販売に出かけるシーンや販売しているシーンも織り交ぜられている。「掃除をする」「掃く」という行為自体に聖性を見出すのは難しくないが、そのことをポピュラー音楽楽曲のテーマに持ち込めるまっすぐさはつくづくすごいと思う。

第7章
「黒人優越」の時代と「黒さ」の意味

　当たり前の事実を確認しておきたい。僕たちは自分や他人がどこから来たのかということに強い関心がある。それは、人類の起源への興味や、日本人になった人類の歴史、もっとスパンの短いところでは、「ハーフ」とか「クオーター」という言葉が存在するという事実によって裏付けられる。このことを踏まえて、差し当たってざっくりと表現すると、（一般的に）歴史の面でも文化の面でもジャマイカ人と日本人は遠いところに位置している。

　2013年、カナダのトロントで開催された、カリブ海地域やラテンアメリカをフィールドとしている大学院生を中心とした研究会で発表をしたことがある。カナダなので留学生や移民の子孫だというカリブ系の参加者も一定数いてなかなか勉強になったのだが、会も終わって帰り道で一緒になったカナダ出身の白人の若い女子学生に、「どうして（日本人の）あなたがジャマイカのことを研究してるの？」と聞かれたのを覚えている。「好きだから」「興味を持ったから」「感動したから」、あるいはアカデミックな関心を持ちだしたりすることで、様々な答えのバリエーションを準備することはできたけれど、どの答えも、彼女の質問に対する答えとしては嚙み合わない気がした。なぜなら、「好きだから」と答えても、「興味を持ったから」と答えても、「感動したから」と答えても、それは、

ラスタのことはあなたにとって無関係の世界のことなんじゃないか、と思われるように感じたからだ。もちろん、こういった場合に、絶対的に正しい答えなど存在しない。そもそも、彼女自身もバス停まで一緒に歩く羽目になったので、とりあえず質問をした程度のものだったかもしれないし、たいした答えは期待していなかったことだろう。ただ、そのとき僕は、「たしかに彼らのことは彼らに近い人がやればいいのかも知れない」とも思った。おそらく、人類学や社会学に限らず、これまでに多くのドキュメンタリー作家やルポライターなんかも感じてきたことなのだろう。

　たしかに、なぜ、その対象を選び、どのような目的で（たとえば、誰のために？　どのような立場で？）書くのか、ということは大事な問題で、そのあたりの表象行為については、分厚い議論が存在している。また、簡単に言い切ってしまうなら、僕が研究をはじめた動機としては、日本語を使って、日本のコンテクストを生きている人たちに向けて、彼らのことを論じたいというものが大きかった。これまでに何本かは英文で論文を発表したことはあるけれど、そのときは人類学や地域研究をしている、カリブやジャマイカに関心がある英語話者という漠然とした層を意識して書くにとどまっている。そして、それらは僕自身からは乖離した表現や説明になっている気がする。研究は科学なのでそのこと自体はあまり問題にならないことだし、むしろ過度な私性は出てこない方が良いのは当然だけど、なんともすっきりしなかったのを覚えている。

　わざわざこんなエピソードを出したのは、ラスタ世界における非黒人ラスタの経験について、少しでも読者に想像してもらいやすくするためだ。ラスタ世界には、「白人のキリスト教が黒人を隷属状態に留めてきた」というように、黒と白を軸とする、「善悪」「正義と不正義」といった二項対立がちりばめられている。このような世界に、白人ラスタやアジア人ラスタ、先住民系のラスタは、どのように向き合っているのだろうか。今回はこのことを考えてみたい。そのためには、厄介な言葉を用いる必要がある。それは、多くの人が問題含みだと知っている、人種という言葉だ。

人種というファンタジーと「黒人らしさ」

　人種という言葉は日本では、アメリカの黒人差別の歴史の文脈で、リンカーンやキング牧師といった人たちの名前を知るときに意識されることが一般的なのではないだろうか。先に言っておくと、そのときにほとんどの人が考えもしないことがある。それは、そもそも人種とは、人間が作ったカテゴリーに過ぎないということだ。これから先もどんどん人の移動は増えて、僕たちは混じり合っていくだろう時代に、どのようにすれば、白人と黒人の境界なんてものを定義し続けることができるのだろうか。同じように○○系日本人なんて言い方で、○○の部分の説明を増やしていくのにも当然限界がある。

　そもそも、僕たちは、いつからが春でいつからが夏か、という点ですら、一致することができない。このように世界を言語で分節しつくすのは論理的に不可能である。だけど、ラスタに関わる話で重要なのは、人種という言葉はつくられたファンタジーであるにもかかわらず、現代を生きる僕たちにとって、それなりのリアリティを持つ言葉だということだ。

　本題に入ると、本章のテーマは、どのように黒人とか白人といったリアリティがボボの世界で経験されているのか、ということだ。ルーツが分からなくなるほどに混淆した人々を黒人や白人というように「色」で分けているので、黒人や白人の内部が多様なのは当然のことである。

　ボボで暮らす人々の主流はジャマイカ生まれの黒人である。第3章の話と一部重複するけれど、少し説明しておきたい。ジャマイカに中国・インドから年季奉公人として人びとが入るようになったのが19世紀半ばなので、ジャマイカ黒人のカテゴリーの人たちのなかにインド系、中国系の「血」を引いている人はそれなりにいる。つまり、この段階で「黒人としての経験」は人によって大きく異なることが分かる。そして、人は一か所にとどまらない存在でもある。マーカス・ガーヴェイもボブ・マーリーもアメリカやイギリスで生活をしたし、現在のジャマイカ黒人も同様である。純粋にジャマイカだけの経験からできあがっているジャマイカ黒人は存在しないとも言える。ラスタファーライとはラスタファーラ

イの言語や世界観を用いて独自の基準にもとづく「黒人」をつくりあげようとする試みとして理解する必要がある。ボボで創造された「黒人らしさ」を実践することで、ボボに集う人々は「黒人」としてまとまることが可能になっているのではないだろうか。

ここまで来ると、非黒人がボボになることも可能だということが分かるだろう。重要なのは、第4章で書いた「神を体現するために、ちゃんと振舞おうとする」ことである。その場合、核心となるのは、ただ、セラシエの神性を認めるだけでなく、なによりもエマニュエルの神性を認め、彼が説いた「黒人らしさ」「アフリカ人らしさ」を実践することである。とは言え、初期のボボでは、そのような信徒の多様化については想定されていなかったようだ。

トリニダード・トバゴ出身の白人信徒

ボボで必読書とされているテキスト、『黒さの優越』を見ると、信徒は「黒いエチオピアの子供たち」（The black Ethiopia children）［E.A.B.I.C. n.d.:26］、「黒いイスラエル人」（black Israelites）［E.A.B.I.C. n.d.:30］と呼ばれ、ボボの教えは「黒いキリストによる贖罪」（The black Christ salvation）［E.A.B.I.C. n.d.:26］の教えなどと呼ばれている。ひとことで言うなら、このようなボボの教えにはディアスポラ（離散）黒人中心性と呼べる特徴がある。

ボボにおいて圧倒的にマジョリティであるジャマイカ黒人の信徒の多くは、共にエマニュエルの教えに従うものとして、マイノリティ信徒も仲間として同じ目線で向き合おうとする。そして、エマニュエルの教えに帰依した人間を、黒人カテゴリー、アフリカ人カテゴリーに引き入れることがある。その時には、たとえば、「非白人は黒人である」「眼球

ガーヴェイを記念したリバティ・ホールはダウンタウンの一角にある

の色が黒ければ黒人である」「肌の色は違うけれど、同じ黒い心を持っている」などと表現される。

　一方で、『黒さの優越』に代表される、教義・教えの次元では、黒人や白人といったカテゴリーは明らかに本質主義的に語られている。たとえば、ガーヴェイの「アフリカはアフリカ人のためのもの、ヨーロッパはヨーロッパ人のもの、中国は中国人のもの」といった分離主義的な言葉は、儀礼の場面ではもちろん、日常生活の場面でも頻繁に引用される。このような言葉は、しばしばマイノリティ信徒をどっちつかずの立場においやってしまったり、彼らの排除や蔑視を正当化してしまったりすることがある。そして、現に、少数ながら、面と向かって差別的な発言をするマジョリティ信徒もいる。

　たとえば、コスタリカ出身の先住民系の男性信徒は、ボボ・シャンティで生活をはじめた初日に、アフリカ系ジャマイカ人の信徒に「ここはインディアンの来る場所ではない」と言われショックを受けたと語っていた。このように、マイノリティ信徒には、しばしば上述のディアスポラ黒人中心主義と向き合わなければならない局面がある。また、ボボは、他のラスタ同様に、アフリカとヨーロッパ、黒人と白人といった二分法を多用する。ラスタファーライにとって根幹である植民地支配と奴隷制下での具体的な苦難という話題は、その典型的な例である。

ガーヴェイの誕生日に祈りを捧げる信徒

第7章　「黒人優越」の時代と「黒さ」の意味

アフリカ帰還を要求するデモ行進

　何気なく、マジョリティであるジャマイカ黒人信徒たちに出身を問うと、彼らからはアフリカやエチオピア、ガーナ、エチオピアの旧名のアビシニア、ハイレ・セラシエの生まれたハラール等の答えが返ってくることが多い。史実とも適合するガーナをはじめとした西アフリカがあげられることもあるが、彼らには、正確に自分の出身地を伝えようとすることよりも、会議派の教えという神学的な次元に寄せて答えを返そうとする傾向が強い。もちろん、アフリカ帰還という彼らの重要な教義とも関わっている。このような、アフリカとの連続性の主張は、彼らに先行する世代の被抑圧経験を自分たちのものとして特権的に引き受けることを可能にする。

　2008年4月に、ムガベ政権下のジンバブエで起きた白人経営農場の強制接収をめぐるニュースに関して、複数の信徒とのあいだで交わした会話を紹介したい。最初に確認しておきたいのは、このエピソードの背景

となった事件について、僕は多少知っていたが、彼らは知らなかったということだ。そのため、僕は背景を説明しながら話をしていた。しかし、出来事の背景をなるべく同時代の問題として「客観的」に捉えようとする僕と、出来事を解釈の源泉として、過去を基点として意味を与えようとする彼らとのあいだの溝は埋まらなかった。主に僕と対話をしていたのは、60代のプリーストだったが、彼は植民地支配に諸悪の根源を見出すことで、被抑圧者としての黒人の側に立っていた。その場には、僕と彼以外には30代のプリースト、20代と50代のプロフェットの5名がいたのだが、彼の語りは筆者に対してというよりも、周囲にいる信徒に対する説教のような側面もそなえていたため、他の信徒は「その通り」などと口にしたり、うなずいたりしながら聞いていた。彼はこう言った。

> お前の言い分はわかった。でもシュウジ（僕）は目の前のことしか見えていない。おれたち黒人は、ずっと虐げられてきた。いろんなものを奪われてきた。お前がいうように、ジンバブエの黒人たちは白人の農場を奪ったんだろう。でも、それは元々誰のものだったんだ。おれたち黒人の土地だ。それをいま、黒人が奪い返しているからといって非難するのはあまりに偏った見方じゃないか。父（エマニュエル）は黒人優越の時代が来るとおっしゃった。まさにそれが今なんだ。自由と贖罪のときが近づいているんだ。聖なるエマニュエルを讃えよ。（2008年12月4日）

　彼は、信念にもとづいて出来事を釈義論的に読み解いてみせている。また、おれたち黒人と何度も繰り返すことで、黒人対白人という構図を持ち出し、会ったこともなく、ほとんど知識を持たなかったジンバブエの黒人と自分たちを結びつけていた。こういった境界線の引き方は、マイノリティ信徒の立ち位置を不安定にさせる。つまり、マイノリティ信徒は、ここで紹介したような黒人としての経験や連帯意識に共感したとしても、ある場面では部外者、あるいは別の存在として線を引かれるのである。しかし、彼らもまた、エマニュエルを崇拝するひとりとして、ディアスポラ黒人中心主義を相対化したり、あるいは適度な距離を取ったり

しながら、新たな解釈を加えている。

　チリ人の女性信徒は、自分の祖先に植民者がいること、植民地支配は大いなる暴力をともなっていたことを踏まえながらも、人類のエチオピア起源説を持ち出し、もともと自分たちのあいだに差異はないと主張することで、現在の肌の色や国籍の違いについて問うことは不毛だ

見学に来ていた高校生たち

と主張していた。そして、彼女は自分たちも現在の社会システム（ラスタの文脈で言うバビロン）で苦しんでいるところでは、一緒だという点を強調していた。

　黒人信徒から差別を受けたという、前述のコスタリカ人信徒は、コスタリカで白人（系）の信徒から学んだという「黒い愛の教え」という言葉をもとに、自分を差別した信徒を批判していた。この「黒い愛の教え」とは、彼によると、普遍的な愛に向かう教えで、色としては無色透明なものだが、アフリカ系ジャマイカ人が発展させたというところに敬意を示しているのだと言う。彼は、自分を差別した信徒に対して、「奴隷根性にとらわれているので、このままでは普遍的な愛には近づくことができない」と非難していた。

　このように、ラスタファーライには非常に素朴な黒人中心主義も存在するため、マイノリティ信徒は、何かしらの理論武装をして、自分の「黒さ」やアフリカとの関係を正当化できるようになることが求められる。それは、ボボに限らず、ラスタファーライ一般で用いられる人種やエスニシティにまつわる言葉と距離を取ったり、それらを脱臼させたりすることで達成される。

　こうしたマイノリティ信徒の経験は、トロントでの僕の違和感とゆるやかにつながっている。

第8章 スクール・オブ・ヴィジョンの農と食

1990年代の立ち上げ

　前章までは、主にボボについて書いてきた。ラスタのメインストリームは通称ナイヤビンギ・オーダー派でボボは存在感のあるマイノリティというイメージがある。そして、ラスタにはいろんな宗派（グループ）があるので第8章から第10章にかけては通称スクール・オブ・ヴィジョン（Haile Selassie I School of Vision、以下SOV）と呼ばれる宗派について書きたい。この宗派には2008から2009年にかけて短期滞在での調査を繰り返していた。この章では信徒の概略と僕が調査をしているときによく行った、彼らの経営する弁当屋についての話を中心に進めたい。

　SOVもボボと同じように街から少し外れたところのコミューンを拠点にしている。SOVの活動の拠点は、コーヒーで有名なブルー・マウンテン山麓、キングストンの東側パピンの中心部から15キロほど行ったところにある。高度は1100〜1200mぐらい。たどり着くまでの道は、ずっと山道で車を降りた後も30分程度の山登りが必要なので、何泊かするために大きなバックパックを背負っているときなどは、なかなか大変だった。

　彼らの近況については詳しくないので、基本的に僕がジャマイカで調

2009年の集会のワンシーン

査をしていた昔のことを中心に書くけれど、その頃は、たいてい毎週土曜日にパピンの公園で安息日の集会をやっていた。公園では、山から下りてくる人、どこかから集会のためにやってくる人が入り混じっていた。彼らの集会を初めて見たのは2005年だったけれど、コミューンに初めて行ったのは2008年だったので、それまで彼らとはパピンで会って話す程度だった。13時頃に集会は始まる予定とは言われたものの、集まるまでは時間がかかるので、人が集まってくるまでは公園が見えて、エアコンが効いている、近くのパティ専門のファスト・フード店 tastee patty の2階で時間をつぶすことが多かった。

　最初に、SOVの概略を説明しておきたい。SOVはジャマイカの北側、セント・アン教区で1954年に生まれたフェイガン（Dermot Fagan）が始めた。幼い頃に母が兄弟を残してイギリスに移民したため、兄弟はばらばらに育ったという。高校へは行かず、1975年から1981年までのあい

だは、ジャマイカ国防軍に勤務していた。1982年に退役した後、ともに軍隊に勤務していた友人らと連れ立ってアメリカに渡った。その冬、その友人のひとりを介して、彼はラスタファーライに開眼した。彼によるとあるとき、その友人は何も言わずセラシエの写真を見せながら「これが誰だと思う？」と彼に聞き、彼にヨハネの黙示録の5章1-5節を読むように言った。フェイガンがその節を読んでいると、その友人は「彼（黙示録に書かれている救世主）はこの人なんだ」と言った。フェイガンは、その後も繰り返してその節を読み、友人の言うことを受け入れるようになったと語っていた。そのことから、彼はセラシエが救世主だということを、「誰かから学んだというよりも、納得した」と表現していた。

　アメリカでは、建設現場等を転々として働きながら生計を立て、1993年に帰国すると、キングストンのドウェイン・パークで建設請負業やホールセールの店の経営を始め、三大宗派のひとつ、ナイヤビンギ・オーダー派の長老ビンギ・ロイ（Binghi Roy）にも師事し知識をたくわえ始めた。

　1996年、フェイガンはSOVの現在へと連なる教え（次章で詳述）に目覚めると、店先で説教を始め、プリースト（司祭）と称するようになった。彼の教えを手短に述べておくと、来るべき終末に向けて、洗礼を受けて生まれ直すことをすすめるものであり、宗派の名称にvision（ヴィジョン、啓示的な夢）という言葉が使われていることが示すように、ヴィジョンを決断や判断に際して重視する傾向が強い。1998年に少数の仲間と宗派を立ち上げ彼らとコミューンの建設を始め、7月にはパピンの公園で安息日集会をおこなうようになった。

　僕がよく通っていた当時、コミューンはそれなりに生活空間として整備されていた。たとえば、コミューンに続く斜面は、信徒たちによって踏み固められた後にところどころ丸太や枝が埋められて、滑りにくいようになっていた。山道を上りきった先、コミューンの手前には、別の峰の水源からパイプで引いてきた水をためる貯水槽、洗濯や水浴びをするコンクリートづくりの建物があった（このパイプが2002年に出来上がるまでは、ふもとまで水を汲みに行っていたという）。さらに道を進むと、

左手に柵に囲われた畑、ハイレ・セラシエが描かれた大きな岩、正面にコミューンの木製の門が見えてくる。畑には葉物野菜やニンジン、豆類等が植えられていた。バナナの木もところどころに植えられていた。左手の奥、より高い場所に点在する、ほとんどの壁がベニヤ板でできている掘建て小屋が信徒たちの住居で、そのほとんどは、雨風を受けて灰色がかっていた。

　門を抜けた左手に、緑、黄、赤のラスタ・カラーで塗り分けられた、フェイガンの住居が見える。正面には1メートルほどの高さにコンクリートを塗り固めてつくった礼拝スペースがある。縦横5メートル×15メートルほどの広さの、礼拝スペースを中心としたこの場所と周辺の一部が、コミューンでは唯一の平地である。礼拝スペースの西側正面には部外者を泊めるためのゲストハウスがあった。調査の時には、たいていそこに泊まっていた。その隣には若い夫婦の住居があり、一角は居住者向けの簡易的な商店になっていた。南側にはコミューンへの入口にあるものとは別のもうひとつの貯水スペースがあり、そこから下に向かう斜面にも畑がある。眼下には山麓を覆う木々と、キングストンの風景が広がっている。コミューンへとつながる山道の途中に見えた信徒たちの掘建て小屋は、この平地から見て北側の斜面に立ち並んでいて、僕が調査した時には43棟あって、7棟が新しく建設中だった。

　信徒はどのような人びとなのだろうか。2009年4月時点の情報を元に簡単に説明してみよう。合計121名が暮らしていて、成人信徒は男性44名、女性23名だった。男女ともに30代がもっとも多くその次には20代が多かった。信徒になった時期については、2001年以前と答える成人が多かった。カップルは20組いたが、カップル間での入信の時期を見ていると男性が先に入信しているというパターンが多かった。このことは、コミューンを生活の拠点としている男性信徒の元に女性が訪れるようになって、その後入信する場合が多いということを示唆している。子どもは54名いて、10歳未満が50名もいた。子どもの多くは、若い信徒カップルがコミューンで居住をはじめてから生まれたということが分かる。単身で暮らす男性が21名いたのに対して、女性は1名だった。これらの

手前が礼拝スペース、奥に見えるのがフェイガンの住居。

ことから、このコミューンは若い核家族世帯が中心で、性別では男性が中心的な位置を占める生活空間だと言うことができる。

　男性が中心的な位置を占めるのにはもちろん理由がある。それは、SOVが準備している生計手段が男性の労働力に依存したものだからだ。SOVのコミューンで暮らす男性にはコミューンのために労働することが期待されていて、その労働は農作業と建設作業の2つが主だった。ラスタは自給自足を志向するとか、農薬などが使われていないオーガニックな食材を志向するというのはよく知られた話だが、このコミューンは、生きるための基盤に農業を据えて展開してきていて、自分たちは農民（farmer）だというアイデンティティが強調されていた。実は、僕が短期滞在を繰り返していた頃は、創設から10年が過ぎていて、初期の信徒たちと比べるとつながりの弱い信徒が増えており、信徒そのものの多様化が進んでいたのだけど、それでも成人男性の10名は主に農業に

第8章　スクール・オブ・ヴィジョンの農と食　　67

従事していて、建設作業と兼業していた男性は2名、建設作業のみに従事していたのが1名だった。

　コミューンで暮らす人たちと言っても、日用品を購入するため、子どもがいれば教育のためなど、当然のように現金は必要になってくる。収穫した野菜を売ったとしても、得られる金額はたかが知れているし、主食のコメなどは丘陵地で育てるのは困難なので、実は食費もかかる。気になって調べたところ、そもそもジャマイカでのコメの生産量は300トン未満と少ない。2010年の統計を見ると、仮にジャマイカの生産量を300トンとしても、CARICOM（カリブ共同体）でコメを積極的に生産しているガイアナの1/2000程度、旧英領ということで何かと関係があるトリニダード・トバゴの1/8程度に過ぎない。サイズが近いということでよく引き合いに出される秋田県と比べると1/1600程度である。繰り返しになるが、現金は欠かせない。その、必要な現金を手に入れる手段のひとつとして、コミューンでは様々な植物が原材料の健康飲料ルーツ・ワインの製造をしていた。

ルーツ・ワインにラベルを貼る信徒

　2008年の1月にはキングストンの南側のスリー・マイルに、コミューンの外で暮らす信徒の協力を得て、コンテナ・タイプのラスタラン（Rastaurant）という弁当屋をオープンし、たまに軒先で野菜も販売していた。ラスタの場合、「女性は穢れた存在」とされることもあり、料理も男性が担当することが多い。そのため、ここで働くのも男性だった。レストランをもじっていることぐらいはすぐ分かるので、ちゃん

ラスタランで販売される野菜
奥で弁当などが売買される

とこの名前の由来を聞かなかったのが、いまとなれば勿体無かったのだけど、ひょっとすると「ラスタが経営する（Rasta run）」とかもかかっていたのかもしれない。

"You'll always have a place in this world as a memory"

　このような、コミューンが方針を決めておこなう経済活動に従事して、そこからいくらかの現金を得る信徒がいる一方で、個別に外部で雇用されることで現金を得ている信徒もいた。女性の場合は内部に職がないので、外部で雇用されて現金を得ている場合が多かった。ただ、北米などに移民した親族からの送金に頼ることのできる信徒もいるし、お金にまつわる質問には答えてくれない人も多いので、これはあくまでもざっくりとした傾向を示していると思っておいて欲しい。

　いずれにしても、僕が通うようになった頃、SOVにとって、ラスタランはとても重要な場所だった。スリー・マイルは繁華街ではないが、乗り合いタクシーの終点になっている交通の要所のひとつだったので、それなりに人が行き交っていた。また、調理場があったので、昔はコミューンで製造するだけだったルーツ・ワインも店の裏で加工してボトル詰めして、各地に販売に行くのも少し楽になった。近所に少し裕福な信徒が経営する床屋（ラスタなのに）があって、彼らに友好的な人もいたことも、山を拠点としているよそ者が商売を始めるときには有利に働いていたのかも知れない。その他には、ブルー・マウンテンまではのぼってこない信徒や潜在的信徒の集まる場所にもなっていた。現に、ラスタランの前のスペースで儀礼をおこなっていた時期もあった。

　実はこのラスタランの隣にはカナダのスコシアバンクがあった。奴隷制の時期以降、黒人は資本主義的な搾取の対象になってきたと主張するラスタたちの活動拠点の脇に、大英帝国につながるカナダの銀行の支店があるというのが、歴史の複雑さを示すシンボリカルな現象であるように感じた。食料をなるべく自分たちでまかなうというのは、ありていに言えば、資本主義へのカウンターにもつながるけれど、ラスタもやは

り現金が必要だからラスタランをやっているという現実も、無邪気に彼らを理想化しないためには大切なことだと思わせてくれた。SOVの信徒たちは、ラスタランにも、その周りにもたくさんの宗教的な壁画を書いていて、店舗やその脇の壁は緑・黄・赤のラスタ・カラーで塗り分けられた上にセラシエや妃であるメネン、セラシエを象徴するライオンの絵や数々のメッセージが

ラスタランの隅に描かれたラスタやライオンと背後に見える銀行の看板

書かれていた。そういったことを含め、隣にスコシアバンクがあるのは好きだった。

　2009年6月の時点のラスタランの商品の値段は以下の通りだった。弁当の値段はサイズに合わせて3種類あって、150〜300ジャマイカドル（約170〜330円）だった。フレッシュ・ジュースは120〜150ジャマイカドル（約130〜170円）で、主な材料はニンジンやビートルートであることが多かった。どのジュースもショウガが効いていた。外にいると暑くてたまらないので、よくコンテナの中に入ってメンバーと話をしたり、店先で客と話をしたりしていた。

　ラスタランでは、素朴な会話がしやすかったり、コミューンでは気づかない人間関係に気づくことができたり、聞くことのできない裏話が聞けたりするのも良かった。なかでもよく話をしたのがケイマン諸島出身の僕より10歳ほど年上の信徒で、落ち着きがあったのと、ラップに詳しかったので彼が店番や、ルーツ・ワインのボトル詰めをして店にいる日に世間話をするのはとても楽しかった。彼が好きだと言っていたゲトー・ボーイズ（Geto Boys）の"6 feet deep"は今でもたまに聴いている。特に彼が気に入っている箇所などがあったのかどうかはわからないけれど、僕は"you'll always have a place in this world as a memory"という箇所を、彼らがディアスポラだということに加えて、それでも多様な人間関係・社会関係の一員であり続ける、という意味を読み込める気がして

ケイマン諸島出身の信徒

気に入っている。

　彼に限らず、いろんな人がいろんなきっかけでSOVの信徒になっているのだが、次章では、そもそも彼らがブルー・マウンテン山麓のコミューンで暮らすことは、どのように神学的に位置づけられていたのか、ということを中心に書いていきたい。

第9章
終末思想と「悪魔の徴」のマイクロチップ

終末について

　本章では主にスクール・オブ・ヴィジョン派の教えや主張について書いていきたい。前章でさらっと書いただけでほったらかしにしていたことがある。それは、SOVが「来るべき終末に向けて、洗礼を受けて生まれ直すことをすすめる」ということだ。探せばほかにもあったのだろうけど、2008年当時、他に洗礼を取り入れているラスタを知らなかったこともあって、SOVを知っていくときにはこのことを大事なキーワードにした。

　まず、終末という言葉について考えておきたい。ここでいう終末というのは、終末論という言い方があるように「世界の終わり」のことを指している。終末については過去から現在まで、無数の想像のパターンが生まれては消えてを繰り返している。ここで紹介するのもそのようなもののひとつだ。

　文化人類学では、終末の想像にかかわるこういった運動（固定化していない、まさに変化しつつあるといった語感で言うとムーブメントの方が合うかもしれない）について、「千年王国運動」（Millenarian movements）という言葉でその特徴を分類・一般化してきた。手元にあ

信徒に語りかけるフェイガン

る『文化人類学事典』(弘文堂2012、第5刷)の一部を、少し長いけれど抜き出して紹介しよう。

"千年王国"ということばの最初の意味はきわめて限定されたものであり、これはキリストが再臨の後、地上にメシア王国を建設し、最後の審判の前の1000年間そこを統治するであろう、というヨハネ黙示録に拠っている。しかしながら後年、中世ヨーロッパに出現した様々なキリスト教異端派とされる宗教運動に対し、"千年王国運動""千年王国主義"の名が冠され、さらには、キリスト教の救世観と結び付いた各種の宗教運動に対してもこの"千年王国運動"なる用語が用いられるようになる。千年王国運動は、「絶対的、切迫的、最終的であり、そして現世的かつ共同体的な救済を探求する宗教運動」と定義できる。新しい秩序が単なる改革ではなくて、完璧な変容、完全そのものをもたらすという意味で絶対的、究極的であり、

間もなく突如として到来するという意味で切迫的である。彼岸の天国においてではなく、此岸の地上において実現されるという意味で現世的であり、信者によって集団として享受されるという意味で共同体的である。

これまでに、こういう事典的な定義にのっとってSOVのヴィジョンについて説明したことはなかったけど、上の説明でSOVのかなりの特徴について言いきれてしまうように感じるからすごい。実際にSOVの場合がどうなのかを以下に整理してみよう。

再臨する主人公はイエスではなくセラシエである。彼が中心となって新しい世界秩序がつくられる。それでは、間もなく突如として到来するということについてはどうだろう。実は、フェイガンはこれまでに何度もその到来を予言してきている。僕が最初に聞いたのは2005年で、そのときは2007年が終末の時だと彼は話していた（エチオピア暦で2000年のミレニアムの年だったからだろう）。2005年に2007年が終末と言われると、それはたしかに切迫感がある。彼岸の天国ではなく、此岸の地上において、という点ではどうだろう。この点については、ラスタファーライでは死後の天国というキリスト教のヴィジョンを否定し（現世の苦しさを我慢させるためのキリスト教徒による嘘として）、現世で救済を得ることへの期待が強いので、これも当てはまる。信者によって集団として享受される、という点については、洗礼を受けてSOVの信徒になっておくことが当てはまる。つまり、現

バナナの木の奥に見えるのが信徒たちの暮らす住居

コミューンの少し下から右奥のキングストンを望む

世で救済を得るために、洗礼を受けて生き直しておく必要があるということなのだ。この枠組みにのっとってSOVについて、説明し直すと、「ブルー・マウンテン山麓のコミューンで、終末のその時を待ちわびながら、農業を基盤として生きるラスタの宗派」と言うことができる。

洗礼を通じた再編成

　本書では、コミューンを拠点とする宗派に焦点を当てて話を進めてきたので、エピソードで紹介する信徒たちは、特定宗派に対して排他的にコミットしている人が中心になっている。しかし、ラスタのあいだでは、特定宗派に排他的なコミットを表明する人ばかりではない。個々のラスタたちは、ラスタファーライの一般的な理念と、さまざまな宗派の教え、そのほかの思想や教えなどを自己流で混ぜ合わせて、それぞれのラスタファーライを実践しているというのが実状である。そのなかにボボやSOVのコミューン居住者などのような、特定宗派へのコミットメントの意識の強い人々もまだらに存在している。

　何を言いたいのかというと、一般的なラスタは経験したことがない「洗礼」という儀礼を導入したところにSOVの新しさがあり、ブリコラージュ的に漠然としたラスタファーライを実践してきていた人々の一部を、洗礼を通じてSOVのラスタとして再編成してきたということだ。簡易的にオリーブオイルを額に塗ることで済ませる場合もあるが、パピンの公園での安息日集会が終了したあとなどにコミューンの外で暮らす潜在的な信徒を対象に近くの川でもやっていたようだ。ただ、生き直し（生まれ直し）だけなら話はシンプルなのだが、この話にはもう少し続きがある。以下に、2004年の7月28日にフェイガンがジャマイカの一般紙「Jamaica Gleaner」に投書した主張を引用して、補足説明を加えながら、その論理を紐解いていきたい。

編集者さまへ

最近、数名のメキシコ連邦職員が、2003年11月に埋め込み用チップを受け入れ始めたのは、個々人に「タグ付け」をしていくという、彼らの計画と関係していることを明らかにしました。このような情勢は、人間へのチップ埋め込み技術が存在し、その技術が私たちの世界を変貌させ始めているということを証明しています。ジャマイカで、ハイレ・セラシエ陛下をたたえるスクール・オブ・ヴィジョン派は、1996年より人びとに対して、神から彼らに授けられた預言は、悪魔が魂を奪うためにチップを用いる時が到来するというものだということを警告してきており、そのため、より多くの人びとが、その技術が存在することに気づき始めましたが、この技術的革新こそが聖書に記された「悪魔の徴(mark of the beat)」であるということについては、未だ受け入れようとしていません。

霊的な影響

人びとが、この徴がもたらす霊的な影響(についての理解)を受け入れることを拒むのにもかかわらず、このラスタたち(スクール・オブ・ヴィジョン派)は、新月には各地のコミュニティで彼らの神を讃え続け、土曜日にはパピン公園で多くの人が語る、白いジーザス(Geezus, Geezas)を弾劾し、聖書に描かれている黒いジェスアス(Jes-us)を認めるべきだと力説しています。彼らはまた、ハイレ・セラシエ陛下が地上における二番目の救い主の現れであり、新たなエルサレムへの移動の約束された時に馬車(chariot)に乗る権利を得るために、彼の名において洗礼を受けることが必須であると認めることが不可欠だと強調しています。

デルモット・フェイガン(司祭)
9、ブカン・アベニュー、ドウェイン・パーク、キングストン20

この記事では、生体に埋め込むことのできるチップが悪魔の徴であるということと、スクール・オブ・ヴィジョン派のセラシエ崇拝の正当性について語られている。もう少し補足を続けよう。ここで悪魔の徴とされているチップは一般にはマイクロチップと呼ばれるが、SOVではマイクロバイオチップと呼ばれることが多い。このチップは、円筒形の生体用ガラスにチップを入れた、電子標識器具のことである。この技術自体は1983年に開発されたもので、現在ではペットや危険生物の管理等に用いられているし、トランスヒューマニズム系の発想では人間性の拡張としてポジティブに評価されている。

悪魔の徴と陰謀論

フェイガンは、人間にも利用可能なマイクロチップを「悪魔の徴」と呼んで警告している。この「悪魔の徴」とは、ヨハネの黙示録13章16-18節、14章9-11節に由来している。彼がメキシコ連邦での計画に言及していたように、彼は人びとの悪魔への隷属は、国などの組織や制度を介して貫徹されるというイメージを抱いている。彼は2005年5月のラスタファリ関連誌「IRASCOM JOURNAL」でも同様の見解を示し、ジャマイカの納税者番号、アメリカの社会保障番号も同様の性質のものとして非難している (InIversal Rastafari Community 20)。しかし、実のところ、このマイクロチップによる人間の管理をめぐる議論は、フェイガン独自の発想によるものではなく、代表的な「陰謀論」のひとつであり、さまざまな機会に引き合いに出されてきたものである。たとえば、2009年のある安息日集会の際に配られたパンフレットには、アフリカ系アメリカ人の左翼活動家グレン・フォード (Glen Ford) が2006年に書いたとされる、マイクロチップに言及した私信、あるいはブログの記事が印刷されており、別のものには、アメリカ食品医薬品局（Food and Drug Administration）が認めた、人間向けの埋め込みチップを製造している Applied Digital Solutions のマイクロチップの写真が用いられていた。また、ある信徒は、チップやその挿入機、挿入されたチップを判別する読取機の写真、チッ

プが映ったレントゲン写真等を印刷した紙を配布用に所有していた。

　ここで重要なのは、フェイガンがマイクロチップによる管理を奴隷制の延長線上に位置づけたことで、セラシエによる救済というラスタファーライの核心と、いわゆる陰謀論的な要素を結びつけたということだ。彼は、新世界秩序をつくりあげている世界の背後に、彼が記事中で白いジーザス（Geezus, Geezas）と呼ぶ、世に広く知られているイエス・キリストがいると考えていて、この状況について、ジャマイカ人は現在も「制度的にも霊的にも奴隷状態にある」と語っていた。

救済を「積極的」に待つ

　それでは、どのようにコミューン暮らしは正当化されていたのだろうか。ブルー・マウンテンのコミューンに住むことについては、救済を待ちわびる人は山に住まなければならないというイザヤ書56章7節の「わたしの家は、すべての民の祈りの家と呼ばれるからだ」や、マタイ伝24章16節の「その時ユダヤに居る者どもは山に遁れよ」、詩編87章1節の「主が基をすえられた都は聖なる山の上に立つ」などを用いて正当化されている。つまり、SOVは救済に向けて「積極的に待つ」という手段をとったのである。そして、フェイガンはイザヤ書66章13-15節を用いて、救済のときに、主が戦車に乗って火の中を突き進み、新しいエルサレムに信徒を運んでくれると主張した（15節には「見よ、主は火の中にあらわれて来られる。その車はつむじ風のようだ。激しい怒りをもってその憤りをもらし、火の炎をもって責められる」とある）。彼のイメー

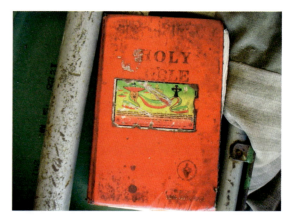

ある信徒が使っていた聖書
SOVのステッカーが貼られている

ジする火の戦車（chariot）はUFOのようなものだ。

このような猛々しいセラシエのイメージと農業、この一見ミスマッチな要素が混じり合っているところが、20世紀末に新しく出現したSOVらしさであるように僕には見える。鈴木慎一郎さんは、このような発想も含まれる、アフロ・フューチャリズムという言葉を使って、レゲエの世界とSOVの世界が連続的であることを示唆していて、その議論もとても面白い。

終末のイメージ1
UFOが迎えに来る

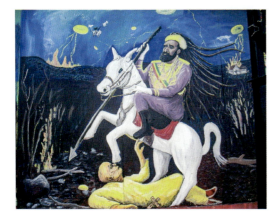

終末のイメージ2
ドレッドを生やしたセラシエとローマ教皇

第9章　終末思想と「悪魔の徴」のマイクロチップ　　79

第10章
自律と連帯のはざまで

それぞれのヴィジョン

　前章では、SOVは洗礼という新たな儀式を追加することで、特定の宗派やグループに強いコミットメントをもたないラスタを包摂している可能性について触れた。ここで考えたくなるのは、僕たちは、しばしば誰かがいまいるポジションやステイタスを最終的なもの、そうでなくても重要なアイデンティティと考える癖があるけれど、本当にそうなのか、ということだ。言い換えると、SOVが信徒にとって最終的な場所ではない可能性、SOVというアイデンティティが決定的に重要なものではなくなる可能性についても考えておくべきだろう、ということだ。そこで、今回はSOVにたどり着く（長期的に見ると、寄り道をしているかもしれないが）までの語りと、SOVとしての凝集性が揺らぐ側面について触れてみたい。

　第8章と同様に、2009年4月にコミューン居住者を対象におこなった調査のなかから「かつての所属宗教」に関するデータを紹介する。成人信徒（男性44名、女性23名）のうち、無回答だったものの数は男性36名、女性14名で、男性の場合では8割にものぼる。前にも書いたけれど、キリスト教徒の家庭に生まれたことや、キリスト教会に通っていたという

洗礼を終えてコミューンに戻る女性信徒（小屋の手前）と
　　その手伝いをした男性信徒（手前と奥）

過去と決別するような形でラスタの世界に彼らは入ってくるので、かつての所属宗教について積極的に語られることはほとんどない。キリスト教に所属していたと答えたのは、男性では5名、女性では6名だけだった。男性の方がこのことを隠す理由は、調査者が男性だったからかもしれないし、ラスタファーライは男性を通じて女性に伝えられることが望ましいとされているので、女性よりもそのことを認めにくいだとか、その他にもいろんな要素が絡んでいるんだと思う。別のラスタ宗派だったと答えたのは、男性では3名、女性では1名だった。信徒たちにコミューンで居住することになった経緯を聞くと、そのきっかけとして入信の語りが披露されることが多かった。

　最初に、SOV創設前の1997年にフェイガンと出会った男性信徒の例を紹介する。彼は、男女ひとりずつの子どもと3人で暮らしていた。以前はジャマイカ国防軍でボディ・ガード兼カトリックの司祭として勤務していたのだが、仲間のひとりがラスタで、セラシエのことを軍の内部で説いていた。ある時、彼に誘われて、フェイガンの元を共に訪れ、彼の解釈を聞くうちにラスタファーライにも関心を持つようになった。それから間もないある夜、カーキのスーツを着たハイレ・セラシエが7匹のライオンを連れており、その一団にライフル（M16）を持った自分が付き添っているというヴィジョンを見た。このヴィジョンが、自分がセラシエと共に生きていく運命であることを示唆していると考えた彼は、1998年の2月末に軍隊を辞め、3月になるとすぐに洗礼を受けブルー・マウンテンで暮らし始めた。彼は古株の信徒であることと、司祭としての経験もあるためだろう、多くの信徒の洗礼に関わっている。

次に、単身で暮らしていた女性信徒の例を紹介する。彼女はセント・トーマス教区で生まれ、その後転々としてきた。ブルー・マウンテンに来る前は、ダウンタウンで家政婦として掃除や洗濯をして生計を立てていた。彼女は、自分は「昔からよくヴィジョンをみるタイプで」と断ったうえで、入信前のヴィジョンの話をしてくれた。実は彼女の語りのなかでは夢とヴィジョンが混在していて、寝ているときに見る普通の夢に対して、啓示的な夢＝ヴィジョンというような使い分けがなされているのが分かる。

　ある日の夢のなかで、彼女がどこか分からないところを歩いていたところ、「良いものを見せてやろう」という声が聞こえた。その声のする方を探すと男が立っていて、彼が自分についてくるようにと言った。翌朝、友だちにこういう夢を見たと言ったら、友だちは「それはあなたがキリスト教徒だからそのような夢を見たのよ」と言った。でも彼女はそうは思わなかった。彼女に言わせると、「そのとき私は自分が何者かを知っていた」かららしい。というのも、当時の彼女は霊的（spiritual）に落ち着けることなどないように感じていたのだが、北の方に見えるブルー・マウンテンにいくべき場所があるような気がしていたからだ。

　そして、その頃に見たヴィジョンのなかに、山の中でいろんな教区から来た人たちが住んでいる場所のイメージがあった。そのうち、ブルー・マウンテンに住んでいる人たちがパピンで安息日の集会をやっていると、近所に住んでいた若いラスタが教えてくれた。フェイガンたちが安息日の集会をやっ

建設資材は少しずつ運ぶ

ているのを見ているときに今まで見たヴィジョンが全部つながって、彼女はその後フェイガンに話をしにいった。彼は、洗礼を済ませるのであれば住む場所を選んでもよいと言ってくれたので、しばらく悩んでから、別の信徒の1歳の女の子と一緒に2004年に洗礼を受けた。コミューンで暮らし始めたのは2008年のことだった。

SOVとナイヤビンギ・オーダー派

　次に、宗派として、あるいは集団としての凝集性について考えてみたい。そのために、新しい数字を出してみる。細かい数字は省略するが、2009年のデータと2010年1月時点でのデータを比較すると、世帯数は46から32に、居住者数は121から82に、そのうちの成人信徒の数で言うと、男性は44から28、女性は23から14へと約3割以上減少している。先の女性信徒の語りにあったように、居住のためには洗礼が必要なのだが、洗礼という行為自体には、宗派へのコミットメントを継続させる力はあまりそなわっていなかった可能性がある。2009年以前のデータも、2010年以降のデータもないので正確なことは言えないが、当時の聞き取りや観察の結果を総合すると、コミューン運営のための資金がうまく回らなくなっていたというのが、居住者数が減少した最大の理由だったように思える。

　資金不足との関係で言うなら、古株の信徒から聞く限りでは、当初は頻繁にあったコメや洗剤などの配給の回数も量も減ってきていたようだ。その原因は、コミューン全体に対しての労働力が不足していったことにある。というのも、第一に、コミューン建設開始時は、フェイガンに共感した若い男性信徒が積極的に関わることができたが、徐々に女性信徒や子どもといった扶養家族が増えたことがあげられる。第二に、コミューン建設開始時の記憶を共有せずに、すでにある程度できあがっている居住空間としてSOVを訪れるものが増えていったこと（そのなかにはフリーライダーもいただろう）もあげられる。そういった、多様化する信徒を守り、養い続けることが困難になるなかで、ラスタランの経営という策

も出てきたと言える。

　ここまでで確認したのは、SOVの信徒の減少は生活環境の劣化と関わっているという可能性だったが、それ以外に、SOVの教えや主張の独自性の弱さも関わっていたように思える。具体的なエピソードを紹介したい。

　まず、SOVと他宗派の関係を整理しておきたい。西暦2007（エチオピア暦2000）年のミレニアムを目前に、ラス・ジュニア・マニング（Ras Junior Manning）を議長として、ラスタファーライの統率を図るために13の宗派の代表が集まって、Ethio-Africa Diaspora Union Millennium Council（EADUMC）という組織がつくられていた。その中にはラスタで最大のグループを形成しているナイヤビンギ・オーダー派も入っていた。そして、ミレニアムが過ぎた2008年、EADUMCに名を連ねた宗派のなかで、ナイヤビンギ・オーダー派を中心として、安息日集会を共同でおこなったり情報交換の機会を増やしたりすることで、安息日に関わる連帯（sabbatical alliance）を結成し強化することが試みられるようになった。その一環として、SOVはナイヤビンギ・オーダー派とのあいだで定期的に、後者の集合拠点であるスコッチ・パスと、SOVが拠点としてきたパピンで、合同で安息日集会をおこなうようになった。両者の関係について、フェイガンは次のように語っていた。

　　ナイヤビンギ・オーダー派は（ハイレ・セラシエの即位した）1930年にはじまった。その意味であらゆるラスタファリの宗派にとっての親のようなものである。だが、自分はSOVの創設者であり、ナイヤビンギ・オーダー派から派遣された人間などではない。自分はアメリカにいる時にラスタファリを受け入れたのであって、特定の師がいるわけでもない。SOVは自分が始めたものである。だから、ナイヤビンギ・オーダー派にもSOVのやり方を認めてもらう必要がある。SOVはSOVのやり方で、ナイヤビンギ・オーダー派はナイヤビンギ・オーダー派のやり方でセラシエを崇拝している。やり方こそ違ったとしても目指すところは一緒なのだ。

彼の主張は、SOVが全体と協調していくために、SOVの自律性を尊重してもらう必要があるというものだったが、それは容易ではなかった。たとえば、EADUMC結成に向けた話し合いの過程では、フェイガンが司祭を自称していたことについて、ごく限られた長老しか司祭を名乗ることができないことになっているとして、ナイヤビンギ・オーダー派からは批判があったという。このことが端的に示す、ナイヤビンギ・オーダー派との認識上のずれは、両派が同じ場所に居合わせる安息日集会の場面であらわになった。

なぜそのターバンを取らないのか

2009年6月13日にパピンで開催された第2回となる合同の安息日集会に参加した。ナイヤビンギ・オーダー派の信徒たちが、スコッチ・パスに戻るのにかかる時間を考慮して、通常より1時間早い12時に開始されることになった。そのため、コミューン外に居住し、安息日にのみ参加している信徒のなかには、そのことを知らずいつも通りに来たものもいた。開始して1時間半程、個々人がセラシエへの祈りを詠唱する儀礼があり、そこから1時間程、儀礼音楽（これもナイヤビンギと呼ぶが、ややこしいので儀礼音楽にしておく）が鳴らされた。2時半から3時半頃までの休憩時間をはさんだ後、リーズニング（説教や話し合い）を1時間程おこない、4時半から1時間程、もう一度儀礼音楽を鳴らし、全員で祈りを唱えて終わった。参加者は最も多い時間で100人を優にこえていた。

この集会では、SOVとナイヤビンギ・オーダー派のあいだでの儀礼的な手続きやその執行方法の差異が目立った。たとえば、SOVでは、フェイガンがつくった聖句に節と振りをつけて唱えるのだが、ナイヤビンギ・オーダー派にはそのような手順はなじみがないものであるため、多くはそれを無視し、SOV信徒が祈るのを遠巻きに眺めるだけだった。はじめSOV主導でおこなわれた儀礼音楽の演奏に際しては、ナイヤビンギ・オーダー派から物言いがついた。ナイヤビンギ・オーダー派信徒たちは、演奏が始まると頭にかぶっていた毛糸や革の帽子を取り、頭上に巻いた

通常通りのやり方で祈るSOVの信徒（手前）とナイヤビンギ・オーダー派の信徒（奥）

り束ねたりしていたドレッド・ロックスをあらわにした。そして、近くにいたSOV信徒たちにも帽子やターバンを取るようにうながし、彼らから注意を受けたSOV信徒たちの多くは素直に従った。フェイガンはその様子を黙ってみていたものの、彼は最後までターバンを取らなかった。また、演奏の最中に太鼓の叩き方について注文をつけられていた信徒もいた。

　その後のリーズニングでは、フェイガンがナイヤビンギ・オーダー派をこの場所に迎え入れられたことに感謝を述べたうえで、いつものように説教をおこなった。中盤では、ナイヤビンギ・オーダー派の長老が「安息日に関わる連帯」に関するスピーチをおこなった。そして、長老は、儀礼音楽演奏中に気になった点として、ドレッド・ロックスの取り扱い方について若干の苦言を呈した。彼は聖書を手にして、『コリント人への手紙』の11章4節から7節の、男性がかぶり物をするべきではないと

書かれている箇所を引きながら、普段は社会の中で生きるためにドレッド・ロックスを隠すことはやむを得ないとしても、皇帝に感謝を捧げる儀礼音楽演奏のあいだには、ドレッドをさらすことが、霊的な力を高めるためには重要だと述べた。そのことに対して、フェイガンは、SOVではドレッド・ロックスの取り扱いについて規定を定めておらず、多様性を容認することも重要であると反論した。

　集会終了後に、フェイガンや古くからSOVと関わっている信徒と話をしたところ、彼らは、宗派としての自律性はもっと尊重されるべきだと語っていた。一方で、一般の信徒のなかには違う見解のものも多かった。帽子を取らされた信徒や太鼓の叩き方について注文をつけられていた信徒は、ナイヤビンギ・オーダー派の長老から教えられたやり方の方が伝統的なものであるようであり、子は親を敬うべきなので、受け入れたいと語っていた。このことから、一般の信徒のなかには、SOVはラスタファーライへの入り口に過ぎず、より深いラスタファーライに関する知識や技能を手に入れることを志向するものもいることが分かった。

　この日の事例が意味しているのは、フェイガンは宗派単位での自律の重要性を主張するものの、彼のつくりあげた教義や組織のあり方では、信徒にSOVへの排他的なコミットメントを約束させるのには不十分だったということである。若干繰り返しになるが、上の集会の例が示しているのは、信徒たちはSOVを介して、その背後に流れているラスタファーライの太い水脈や、そこから枝分かれしたさまざまな支流と出会うきっかけも得てしまっていた。ナイヤビンギ・オーダー派との合同での安息日集会のときにフェイガンが口にした言葉を引き合いに出すなら、ラスタファーライはつまるところ「目指すところは一緒」だという論理を、個々の信徒もまた、それぞれの立場から実感しながら、所属する宗派やグループを取捨選択していることが示唆されている。結成から約10年で、宗派横断的組織を結成するときに声がかかる程度に有名になったSOVの事例は、このような集合と離散の緊張関係が、ラスタファーライを活性化し続ける原動力でもあることを示している。

第11章
共生志向の日本のラスタファーライ

日本のラスタ現象の特徴

　本章では日本のラスタについて書いていきたい。これまでの章ではなるべく「ジャマイカのラスタは……」という包括的な書き方は避けて、なるべく具体的な話を出しながら、ボボを中心とした特定の集団の特定のトピックに焦点を当てて書いてきた。言い換えるとジャマイカのラスタファーライ全体の歴史や傾向には十分注意を払うけれど、その情報を元に個人の嗜好や内面を断定するような語り口とは距離を置いてきた。当然日本の話を書くときにも同じような距離感は大切になる。

　あらためて、本章では日本のラスタについて考えてみたい。僕なりに腑に落ちているところから、日本のラスタ現象の奥深さや面白さについて少し書いていきたい。日本のラスタについては単著を含め、2010年代にいくつか論文を書いていて、それがおそらく日本語でアクセスできる論文としては最初のはずだけれど、英語で書かれた文献はその前から存在する。津田塾大学の紀要に入っている、Collinwood and Kusatsuによる「Japanese Rastafarians: Non-Conformity in Modern Japan」(1999)とDuke University Pressから出版されている、Marvin Sterlingによる『Babylon East: Performing Dancehall, Roots Reggae, and Rastafari in

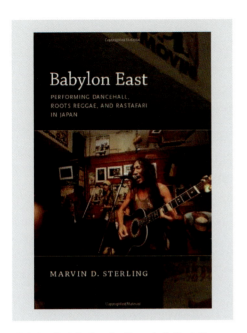

Babylon East: Performing Dancehall, Roots Reggae, and Rastafari in Japan

Japan』(2010)である。そこで、本章では先行研究で指摘されていたことを踏まえて、日本のラスタの特徴について、僕なりに補足しながら話を進めていこうと思う。

　前者は少し事例が古くて、実感として僕は追体験しにくい時代のものだけど、議論の枠組みが大きいので読みやすい。後者は長期のフィールドワークにもとづくもので、事例も最近の話なので生き生きとしていてとても面白い。どちらもバレットがまとめたような、一般的なジャマイカのラスタファーライを想定して、それと比較する形で日本のラスタの特徴が色々と書かれているので、ジャマイカでの調査を経験したあとの自分には、とてもわかりやすい視点だった。どちらの文献でもいくつかの点について共通して指摘されているのだけれど、ここでは、①ジャマイカ人ラスタと比べると日本のラスタは経済的背景が安定している傾向があること、そして、②ハイレ・セラシエへの崇拝の弱さ というところから考えてみる。

共生の可能性

　まず①について。ジャマイカのラスタというと、典型的には貧困層の出身者がイメージされる。ガドに率いられたイスラエル十二支族派のようにミドルクラスの支持者を多く集めた有名な宗派もあるけれど、やはり少数派だ（ちなみに十二支族派の本部はボブ・マーリー博物館そばのアップタウンに位置している）。

　日本の場合だとどうだろうか。失われた30年と言われたり、ここ最

第11章　共生志向の日本のラスタファーライ　　89

近は格差に言及されることが多い日本だけれど、少し前まで一億総中流社会と形容されたりしていたように、ジャマイカほどの格差は目につきにくかったし良くも悪くも政治も安定しているように映る。あとは、実践者（受容者）の特性にも関わっていて、これは北米などでも同様なのだが、学生やミドルクラスも巻き込んだ各種のカウンター・カルチャーやヒッピー・カルチャーとラスタが一部で交錯していったことも関係している。そういった点が、一般的に知れ渡っている、白人キリスト教や植民地支配のシステムに対抗する黒人の聖書宗教としてのラスタファーライという構図とは異なるということを二つの研究は指摘している。

この違いは単なる「階級」や「人種」の問題にとどまらない。ラスタで言うときの白人vs黒人という「人種」の話は政治や歴史の話だけではなくて、聖書世界をベースに繰り広げられていて、それはジャマイカがキリスト教国なことと関係している。その一方で、聖書宗教への関心が低い日本では、なんとなく広く共有されている価値観や倫理観、救済観などに聖書的なものはほとんど影響していない。この点が②と結びついてくる。

聖書宗教としてのキリスト教とラスタファーライの関係はイエスとセラシエどちらの救世主が正しいのか、という闘いである。一神教の世界というのは、自分が信じている神こそが唯一の神だという世界なので、イエスもセラシエも両方好き、という答えは原則的に成り立たない。この二者択一のライバル関係の論理にしたがって、白人vs黒人といった「人種」や悪と善といった倫理が対立的なものとして積み重なっていく。ジャマイカでは圧倒的多数がキリスト教徒なので、キリスト教をライバル視し、のりこえていくところにラスタファーライの革命性があり、それがしばしばキリスト教徒からの嫌悪を呼び起こしてきた背景のひとつである。ボボでは、キリスト教の天国の概念は奴隷を現世で隷属状況に置くためにでっち上げられたとも考えられているので、キリスト教は死に関する教えでラスタファーライは生に関する教えだとよく聞かされた。ラスタたちがラスタファーライは「生き方だ」というのはこの文脈である。

このことを踏まえてあらためてハイレ・セラシエへの崇拝の弱さ、に

ついて考えてみたい。ここで僕は「弱さ」という強弱のニュアンスを説明する言葉を使っている。その理由は、セラシエを崇拝する、あるいは大切にする日本の人の多くが、他宗教の否定や嫌悪まではともなっていない場合がほとんどだからだ。もう少し補足しよう。初詣やクリスマス、仏式の葬儀などが多くの日本人のライフスタイルの中では違和感なく共存している。しかし、それではそれぞれが熱心に特定の仏やイエスに傾倒しているかと言われると、そうでもないことが多く、どちらかというと意識の上にのぼらない。そのため、他宗教への排他性も低い。このような土壌なので、日本にラスタファーライの種は蒔かれたが、他の植物の芽を摘んでまで自分たちの場所を占めようとするのではなく、共生するような育ち方をしている。このことが、②のハイレ・セラシエ崇拝の「弱さ」が容認される最大の理由だと思う。

　大事なところなので別の表現で言い換えてみたい。②のハイレ・セラシエへの崇拝の弱さが、他宗教に対する排他性や攻撃性の低さとセットになっているということは、ある次元での共生の可能性が開かれている、ということも意味する。前のパラグラフでは日本という場所を、種が蒔かれる土壌になぞらえたが、セラシエ一色に土壌を変えてしまおうとするのが一神教的ラスタだとすると、日本の非一神教的（≒多神教的）ラスタの場合は、土壌そのものまで変化させたいという欲望は強くない。ただ、自分はラスタという植物だという自覚を持っている、という感じだろうか。この場合、日本という同じ土壌を共有している他の植物（この場合は日本で暮らす人）の多くは、自分がどのような植物なのかに関心を持たないし、強調することがない、というところがポイントになる。要は、日本のラスタの場合、聖書宗教の背景を持つラスタと、平均的な日本の人の中間に位置する傾向があって、この中間的な性格が日本的なラスタファーライの特質を育んでいるということになる。

日本のラスタのハイブリッド性

　この、中間に位置するということについてもう少し考えてみたい。こ

こでは、白人vs黒人の構図とは少し異なる、エスニシティ（エスニックな自分たちらしさ）の獲得というところを軸に考えてみたい。言うまでもなく、人種本質主義的に白人、黒人という言葉を用いるラスタファーライの文脈で、平均的な日本人は「黄色人種（モンゴロイド）」として蚊帳の外に置かれる。黄色人種というカテゴリーの差別的な意味合いは広く知られているが、同時に黄色人種どうしの連帯による主流の白人（この場合はコーカソイド）への抵抗や対抗というのは、黒人（ネグロイド）のもののように目立つことはなかった。この点で新しいモンゴロイド像などが提示できていたら面白いのだけど、そういう例を僕は知らない。新しい像ではないけど、ダンスホールの文脈でCHEHON（チェホン）が"Yellow Badman"（2012）という表現を使っていたのはとても面白く感じた。

　エスニックなものについて、引き続き土壌というメタファーを使いながら考えてみたい。生かされている自然環境に手を加えたり、理解するために思想を練ったりして出来上がった集大成を文化と言うなら（文化を意味するcultureの語には耕すという意味がある）、日本で生まれた人は、この土壌で育まれた日本的な文化にはかなりポジティブな評価を与えているように映る。それは、世界に類を見ないほど自国民論・自民族論（いわゆる日本人論）を量産してきたお国柄だということが証明している。いずれにしても、土壌で育まれたエスニックな要素との混じり合い方が日本に根付いたラスタファーライにオリジナリティを付け加えている。たとえば、次ページのフライヤーでは、日本の伝統芸能である獅子舞や薪能とレゲエが結びついているところ、背景がラスタ・カラーなところなんかがとても面白い。河内家菊水丸・エスノリズムオーケストラはどんなエスニックなリズムに乗せてこのステージに立ったのだろう。日本のラスタファーライと土着の文化のことでもうひとつ重要なのは、いわゆる本土の和人の文化だけでなくアイヌ的なものは高く評価されていて、その感性はこの列島に横たわった過去である縄文的なものとも親和性が高い。

　それ以外では、ラスタの食べ物、アイタルフードを理解するときに「ジャ

マイカのアイタル」に似たものを作ることだけを目指すのではなくて、納豆や豆腐といった食材を「アイタル」のカテゴリーに入れることや、マクロビの理念と結びつけて「和食」の一部もアイタルに含むこと、同様に健康志向の食材としてインドやネパールの伝統的な食事に強い関心を持つことなどがあげられる。身体への関心というところでいうと、ヨガやアフリカン・ダンスのような「土着的」な身体性を想起させる領域に関心のある人も少なくない。日本でファンの多いドクター・バガも身体に強い関心を払っているラスタだった。

　このような、エスニックなものを肯定的にどんどん取り込んでいくというスタンス（日本のラスタでは、ジャマイカのラスタにおいて特権的なアフリカ的なものもエスニックな要素のひとつになる傾向がある）は、宗教的な観点から見ると、日本の仏教的なものや神道的なものと対立させるというよりも、それぞれに内在するスピリチュアリティを他のものと共存させていくというシンクレティック（習合的）な方向へ

1986年のイベントのフライヤー

ドクター・バガ監修
『リンパティック・システムの誕生』（2004）

第11章　共生志向の日本のラスタファーライ

と人々を導く。ジャー・ケイスケさんがその詩集で「ジャー・ラスタファーライ」の代わりに「ジャー・ラスタ・ブッダ」と書いていたり、『シンクロ・バイブス』の著者KEITAさんがアルバム『healing feeling』(1993)のジャケット中に"Give Thanks to OM Shiva & Jah Rastafari Vibration"

15番目の詩のタイトルがJAH RASTA BUDDHA

という言葉を書いていたりするのはそういう現れだろう。

　最後に、日本のラスタファーライでよく言われる、「ラスタは宗教ではなくて生き方だ」との言い回しの持つニュアンスについて補足しておきたい。この言い回しは先に説明したジャマイカのラスタが起源なのだけれど、この言い回しが出てきたジャマイカとの文脈の違いが原因で、わかるようでわからない説明になっているときが多い。すごく簡単に言うと、多くの日本で暮らす人は仏教的・神道的・キリスト教的実践に関わっているとしても、習慣的にやっているだけで自分は特定の宗教にコミットしていないと考えている。だから、日本で暮らしてきた人は、自分が特定の宗教・宗派にコミットしているとは言いにくい。そこで、「ラスタファーライは生き方」だという言い回しを使うと、積極的に信仰を表明せずにラスタファーライと関係することができるし、重たくならずに宗教的（スピリチュアル）に生きることが可能になっている、ということなのではないだろうか。そういう意味でJahmelik（ジャーメリク）の「お蔭様で」やかむあそうトライブスがMV"TEQUITO STYLEE & YAMATONCHU UNITE"で表現しているスピリチュアルのあり方は絶妙だと思う。

第12章
根よりも経路

ギルロイの根（roots）と経路（routes）

　ここまで11章、ラスタのことを書いてきた。もともとが全12回の連載だったので、ひとまずここで、これまでの話をいったんまとめておきたい。

　連載のタイトルは『History Hunters』というものだったので、少しぐらいはその話をしないといけない。あと、第1章で出したキーワードに、マルチグラフト（multi-graft）というものがあった。それでは、こういったキーワード群は、僕が経験してきたラスタの世界と、ラスタの世界を描くことで僕が表現しようとしてきた世界と、どのように結びついているのだろうか。まず、第1章でマルチグラフトという言葉について書いた内容をおさらいしてみる。

コンクリート塀に描かれたガーヴェイとセラシエ

マルチグラフトとは、複数の植物をひとつの木の枝や幹に接ぐ、多品種接ぎを指す園芸（藝）用語に由来している。枝や幹にまつわるこの用語は、実は、アフリカ系ディアスポラについて論じたポール・ギルロイの根（roots）と経路（routes）という同音異義語を意識している。

この同音異義語が用いられたのは、ディアスポラに関する文脈で、その後ジェイムズ・クリフォードという人が書いた「ディアスポラ」というエッセイのことも意識している。ディアスポラというのは離散した（させられた）人々のことを指す。ジャマイカに即して言うと、奴隷として強制的に移動させられ、カリブ海に植え付けられた（transplanted）アフリカ系の人々は、アフリカ系ディアスポラということになる。もちろん、19世紀半ばから彼らに代わる新たな労働力としてジャマイカに入ってきたインド人や中国人もディアスポラだ。一緒くたに白人と呼ばれる人のなかにはスコットランド人やアイルランド人、ドイツ人なども混じっていて、その人たちもディアスポラと言っていいが、彼らの多くは社会の主流であり続けたという点では、アフリカ系のディアスポラとは立ち位置は大きく異なる。

第3章で古谷嘉章さんの『異種混淆の近代と人類学』（2001）という本について少し触れた。そのなかで古谷さんは、「アイデンティティ＝文化＝地域＝歴史」という等式を出して、「この等式を無条件に前提とするイデオロギーは、このイデオロギーによって不利益を被る人をさえ支配してきたのだ」［古谷2001:54］と述べていた。それでは、ジャマイカにおいて「アイデンティティ＝文化＝地域＝歴史」という等式はどのような強制力を持つのかあらためて考えてみたい。

歴史を狩り、歴史を編み直す

この等式が意味するのは、数は少ないとしても、その地域の歴史と文化を自身のアイデンティティと容易に引き受けられる人が社会の中心に位置しているということである。ジャマイカでは先住民は植民地化が進

むとすぐに死に絶えてしまい、その後に中心的な地位を占めてきたのはイギリス人を主とした白人である。僕たちが習う世界史でカリブ海について書かれるとき、基本的に主人公は白人である。このような偏った力関係のもと、ジャマイカではイギリス的文化に高い価値が置かれてきた。

一方で、アフリカ系ディアスポラの場合はどうだろうか。彼らの多くは西アフリカに起源を持つが、その文化の多くはプランテーションで生活するなかで失われていったし、残っていたとしても社会的には低い位置に置かれてきた。少なくとも、各地から寄せ集められ混ぜ合わされた彼らは、公用語である英語、あるいは英語にアレンジが加わったパトワを用いなければ意思疎通もままならないようになっていったのであり、アフリカ由来の世界観や身体技法をある程度は保っていても、それが、いつの時代のどのトライブのものなのかということなどは分からなくなっている。

たとえば、西アフリカ、ガーナの民族分類にはアカンやエウェなどのトライブの名前が出るのに、ジャマイカでは黒人（black）となっているのは、彼らが数世代にもわたって混淆していくなかで、全体として黒人としてしか呼び表せないような存在になったためである。そして、何よりも彼らの過去と結びついたアフリカ由来の文化要素は長期にわたって低い価値を与えられてきた。肌の色は薄い方が、髪の毛はストレートに近い方が好まれる、というジャマイカの一般的な感覚の存在が、何よりの証拠である。

そのような社会のなかでラスタが試みたことは、彼らを支配してきたイギリス白人の世界の基盤のひとつであるキリスト教聖書を大胆に読み替え、アフリカ系（あるいは黒人）というアイデンティティの肯定を目指し、そのためにオルタナティブな文化や地域、歴史を創造したということだ。

宗教的信念の特徴は、無根拠な前提から物事をはじめるところにある。ラスタにおいてもそこは変わらない。ラスタの文化・地域・歴史観には客観的なものも含まれているが、かなりの程度、信念の領域に関わるものである。ボボがドレッドをターバンで覆いホウキを製作する時に言及

する過去は、史実ではなく物語の領域に属する。史実を積み重ねてなるべく客観的な物語を作り上げようとするのが正統な歴史の編み方だとすると、ラスタの場合は、物語を担保し強化するような史実を拾い上げてつなげたり、新たな解釈を加えたりすることで物語を編み直すブリコラージュ的な方法をとる。第7章で書いた、ジンバブエでの白人経営農場の強制接収をめぐる僕と信徒の対話が平行線のままだったのは、そういうことだ。彼らは歴史をhuntし（狩り、追求し）、必要なものだけを取捨選択し集める傾向が強い。

　こういったことから連載時のタイトルは『History Hunters』としていた。ただ、ギルロイやマルチグラフトという表現との相性を考えると、huntの語の荒々しさは薄れるけどpickの方が適切な表現に思えてくる。彼らはさまざまな出来事やその果実を拾い上げ、世界をつくりあげている。

　彼らが物語的な過去に固執するのは、彼ら自身はジャマイカ社会の歴史の中心的な語り手ではなく、むしろ一方的に語られてきたからであり、彼らをめぐる物語は、彼らを肯定するよりも否定するものに偏ってきたからである。彼らは否定されてきた過去を肯定的なものとするために、アフリカや黒人に関するさまざまな物事を動員していった。エチオピアに侵攻していたイタリアの不発弾に足をかけたセラシエの写真はヨーロッパ世界に立ち向かうアフリカ世界を象徴している。マーカス・ガーヴェイの黒人優越思想を基盤のひとつとすることから分かるように、彼らの二項対立的な世界観はラスタファーライにも強く残り、他者への対抗性や優越意識へと変換された。

　僕が通っていたボボはラスタのなかでは割と柔軟な方なので、そうでないグループの人たちのなかに行ったときなどは、彼らこそレイシストだと思うときす

不発弾に足を乗せるセラシエ

らあってつまらなく感じたこともあった。ラスタの世界で僕は当然のようにマイノリティなので、黒さへの肯定を通じて、普遍的な愛に到達しようとしたコスタリカ人信徒のようなスタンスに強く共感する。

聖書を読み替えて自分たちの救世主を称えるというカウンター攻撃にはインパクトがあった。ただ、カウンター攻撃を始めたとしても大事なのはその結果で、コスタリカ人信徒の視点に寄り添うならば、せめて同じ側に立とうとしている仲間との連携はうまくいくように心がけるべきだろう。自分たちの過去というルーツ（根）にこだわりすぎていては、いま目の前にいる人、同時代を生きている人と目線を合わせて連携することに失敗する。簡単なものではないけど、起源ではなく経路としてのルーツこそ見るべきものだとするギルロイのアイデアには一定の妥当性がある。個人としては、他者と互いに宙吊りのアイデンティティの持ち主として対峙し、そこで新たな関係性を築くための実践的な心構えとしても気に入っている。

究極の"One Love"という答え

ここまで書いてようやく、マルチグラフトという言葉の手前まで到達した。この言葉を使いながら僕の頭の中にあるのは、人間を木になぞらえてイメージしたとてもシンプルなヴィジョンだ。一般的に根は地上から見えない。そして過去を想起させる響きがある。それと比べて、幹やその上に生い茂る枝葉は簡単に見ることができるし、風に吹かれる様子も見えるし、変化も捉えやすい。

多くの人にとって、幹になるアイデンティティは（日本人でもアジア人でもなんでもいいけれど）、基本的に変わりづらいものだと思う。ただ、積極的に異種を接ぎ、その癒着した一部だけでも融和的に変容させていくことで、自分と異なる存在と共生する未来のことを考えられるようになるのではないだろうか。そして、みんなが変なところからよくわからない花を咲かせたり、実をつけたりするようになって、標準的な木という概念などなくなってしまえばいいと思っている。

そういった意味で、僕は「ラスタファーライが答えだ」と簡単に言い切ってしまう人はあまり信用できない。むしろ、答えらしく見えるものは、他者との未来を開くためのきっかけ、ブラックボックスのようなものであっていいと思う。その先に究極のone loveという答えに人々が到達するのが、現世での生き方（way of life）としてのラスタファーライの可能性だと思う。少なくとも、かつて憧れたラスタファーライという枝を自分に接ぎ足した結果、僕はそう感じている。

ハーフ・ウェイ・ツリーのアイタル・レストランで

　連載のための原稿を書いていた頃、スキップ・マーリー（Skip Marley）とダミアン・マーリー（Damian Marley）のコンビネーション曲"That's Not True"（2019）をよく聴いていた。マーリー家という巨木、あるいは彼ら個人も複雑な生のあり方でさまざまなルーツの混じり合った世界を生きているその複雑さと反比例して、以下のダミアンのパートは、とてもシンプルで、ここまで言い切ってもらえると清々しい。

　　Health is better than wealth, and peace is better than war.
　　Now is better than later. The present is better than past.

　歌詞を引用したついでにあとひとつだけ。自分を木になぞらえると、菜食中心のアイタルが自然な栄養となっていることを実感できて、よりおいしくなるのも気に入っている。

補章

ガーナで
ジャマイカについて
考えた

　2024年の7月末から8月初旬にかけてガーナの首都アクラとクマシに行くことができた。6月末に思い立って急いでチケットを買って、そこから黄熱病のワクチンを大学病院で打って、なんとかビザも間に合わせることができた。いま計画している新しい研究のことも関係しているけど、ジャマイカ人の多くにとって関わりの深いガーナに身を置かないといけないとずっと思っていたのが大きかった。

　2024年5月に映画『ワン・ラブ』が日本では公開された。その12年前の2012年に公開された『ルーツ・オブ・レジェンド』の冒頭部分を覚えている人はいるだろうか。あの映画は、かつて奴隷が積荷としてギニア湾に面した城から運び出されるときに通った「戻らずの扉」(door of no return) を開けるところから始まる。映像では「戻らずの扉」の先は絶望を示す海ではなく、大勢の観客を前にしたステージの上につながっていて、大西洋を強制的に移動させられた人々がジャマイカで力強く生き延びたことを視覚的に示していて、とても強いインパクトがあった。

　僕のラスタファーライをめぐる探究にとって、暫定的なはじまりの場所としての西アフリカ、ガーナ。これまでに奴隷やジャマイカ黒人の来歴として研究報告や原稿に書いてきたけど、そのときの西アフリカは僕にとって、フィールドや研究対象についての導入部分に軽く言及する場

所だった。研究にはある程度フォーマットがあるからそれはしょうがないのだけれど、ジャマイカ黒人の先祖たちがいたであろう場所に立ち、見たであろう景色に少しでも近づいておく必要はあると思っていた。

　僕の人生を決定づけたボボ・シャンティは他のラスタよりもガーナを重視しているし、ガーナにもボボ・シャンティの信徒がいるので、そのことも僕を後押しした。レゲエに出会って初めてキングストンに行ったときから考えると、ガーナに実際に行くまで長い時間がかかった。そして本当に行って良かった。

　初めてのガーナへは羽田空港からカタールのドーハを経由して行った。だいたい10時間ずつなので飛行機に乗っている時間自体はジャマイカへ行くときとあまり変わらない。ジャマイカに行くときは「カリブに行く」とは言わないけどガーナに行くときは「アフリカに行く」と表現する場合が多いことを面白いと思ったりしていた。

　夕方に予定よりも3時間遅れぐらいでガーナの首都アクラのコトカ空港に着いて、そこからタクシーでオスのホテルに向かった。ホテルはオスのメインストリートからほど近くの中華系の移民が多いエリアにあった。移動で疲れていたので初日は近所のカリビアン料理の露店の海鮮とビールで軽く済ませた。

　翌日はガーナ大学に行った。予習不足で行き方がまったく分からなかったので、近くの銀行の駐車場係の人に声をかけたらちゃんと助けてくれて、ジャマイカと同じようなハイエースのバスで大学まで移動した。ジャマイカでもそうだけど、だいたいの場合、人はちゃんと助けてくれる。ガーナ大学に最初に行った目的は書店をのぞくことだっ

大学の書店の一角

た。大学の書店は教科書や多少の学術書が販売されているので、なんとなくその地域の学術的な関心や一般的な関心が垣間見えると思っている。

　コフィ・アナン元国連事務総長（1997〜2006）や元ガーナ代表のアベディ・ペレのイラストが描かれた「わたしたちの英雄シリーズ」という薄い冊子や、『ガーナのパイオニアたち』という本などは入ってすぐのところにあった。『歴史的な黒人リーダーの優れたスピーチ』というシリーズはちょうど5冊目が出ていたようでそこではマーカス・ガーヴェイがアメリカのメガ・チャーチの牧師T.D.ジェイクス、公民権運動家のアル・シャープ、ナイジェリアの元軍人で実業家のマシュード・アビオラと並んで表紙に載っていた。ガーナからは、国をこえてこのように他の地域の黒人が仲間として見えているんだろうと想像できてとても良かった。その一方で「イングリッシュ」と書かれた棚にはチャールズ・ディケンズ（Charles Dickens）の『オリヴァー・ツイスト（Oliver Twist）』(1838)やバーナード・ショウ（Bernard Shaw）の『武器と人（Arms and the Man）』(1898)、アーネスト・ヘミングウェイ（Ernest Hemingway）の『老人と海（The Old Man and the Sea）』(1952)やウィリアム・ゴールディング（William Golding）の『蠅の王（Lord of the Flies）』(1954)など、英文学の名作が多く、トニ・モリスン（Toni Morrison）など著名な黒人文学者の作品は見なかった。

　日本からだとほとんど見えていないこのような黒人たちの連帯の世界をギルロイは「黒い大西洋」とも呼んでいる。陸地中心でなく海を中心に見ると各地の黒人たちはつながっていて、アフリカ大陸とアメリカ大陸やカリブの島々ではある程度の文化的連続性がある。そして、この100数十年、知識や思想、最近だとポピュラー音楽やファッションにまつわる情報も積極的に行き来している。大学の書店の書棚からも少しは、この「黒い大西洋」の世界がガーナからどのように映っているのかを見れたと思う。

　その後、かなり広いキャンパスを徒歩で移動して、大学内の野口記念医学研究所を見学させてもらった。1876年に福島で生まれアメリカのロックフェラー研究所でキャリアを積み、最後は黄熱病にかかってガー

ナで亡くなった野口英世もまた大西洋を移動したひとりだった。

　アクラではその他にオス城、独立記念門、クワメ・エンクルマ記念公園、W.E.B.デュボイス記念館などに行った。ガーナの代表的な世界遺産には奴隷搬出元のエルミナ城やケープコースト城があるものの、これらの城のある西部へはスケジュールを考えるとむずかしくて悩んでいたところ、ホテルから車で2，3キロのオス城からも奴隷が送られていたことを知った。オス城は1660年にデンマーク＝ノルウェーによって建設され、その後ポルトガル、アクワム族、イギリス、そして独立後へのガーナへと所有権が移動していて、この変遷だけでもヨーロッパとアフリカの複雑な歴史の一端が示されている。オス城では最初に現地の男性ガイドに城内で奴隷に焼き印を押した広場や男女別に閉じ込めていた場所を見せてもらった。その真上にあるキリスト教長老派の教会やエリザベス女王が泊まったことのある部屋などを見て、ギニア湾を間近に眺めた。1人ずつしか通れない「戻らずの扉」へ向かう階段を下りて、沖に浮かぶ船まで2人ずつ奴隷を小舟に載せて運んだという砂浜に立った。奴隷どうしを鎖などで結びつけておくのには、自殺をためらわせる目的もあった。

　独立記念門と記念公園は1957年の独立に関わる施設で、大きな黒い

強制的に離散させられた「黒人」たちは海でつながっている

オス城からのぞむ曇天のギニア湾。多くの素朴な漁船も見えた。

五芒星が至るところにあった。この黒い五芒星からガーナの男性サッカー代表の愛称はブラック・スターズとなっている。「黒人の星」とも解釈できる。この五芒星はガーナ独立の立役者、初代大統領のエンクルマがガーヴェイの思想に影響を受けていたことから、ガーヴェイの船会社ブラック・スター・ラインが有力な着想のひとつだと考えられている。彼は自伝にアメリカ留学中に出会ったガーヴェイの『Philosophy and Opinions of Marcus Garvey』(1923) に「もっとも強く情熱を燃やした」と記していたらしい。1887年にジャマイカで生まれアメリカやイギリスで活動したガーヴェイ。1910年頃に生まれ、ジャマイカでその最初期からラスタファーライに関わっていたエマニュエル。ボボ・シャンティは1958年3月1日を創設の日としているが、その前年にアフリカ大陸で最初にガーナが独立している。日本からはほとんど想像することのできなかった大西洋におけるさまざまな移動の軌跡がどんどん複雑に交差してくる。

そして、W.E.B. デュボイス記念館。アフリカ諸国やアフリカ人の連帯を志向する考え方を汎アフリカ主義と呼ぶが、ガーナは汎アフリカ主義の中心のひとつだった。1900年にロンドンで開かれた「汎アフリカ会議」で「20世紀の問題はカラー・ラインの問題である」と述べたアメリカ黒人のデュボイスは、1961年にはガーナに生活拠点を移し、その2年後に93歳で亡くなった。その住居跡が記念館になっていて、その脇には墓所もある。10名弱でガイドの女性の説明を聞きながら回った。僕以外は全員アメリカからの黒人観光客だった。最後のお土産コーナーをうろうろしているときに、ツアーの最中に非常に熱心だった女性から訝し

補章　ガーナでジャマイカについて考えた

独立記念門

エンクルマ像

げに「どこから来たの？」と言われた。この「黒人の問題は黒人の問題」という感覚はカナダでも感じたものだったのを思い出した。

　ガーナには、植民地化を経て大きく領土は狭まり、そのあり方も大きく変わったものの、アシャンティ王国と呼ばれる王国が存続している。このアシャンティ王国はその名前から分かるように、ボボ・シャンティ誕生の際の重要な参照先である。クマシでは宮殿脇の博物館に行った。クマシではカルチュラル・ヴィレッジの名前のついたホテルに泊まってみた。部屋には打楽器のジャンベがあった。ホテルの向かいにはレストランがあったので、夕食はそこに行ってみた。ここでもアメリカ黒人の多さが目立っていた。週末だったせいか、そのレストランではDJが曲をかける時間があって、1980〜1990年代の世界的なヒット曲をかけながら何度も「おかえり！」と言っていたのが印象的だった。はじめてC.J.ルイス（C. J. Lewis）の"R To The A"を大きな音で聴いた。

　2017年に就任したナナ・アクフォ＝アド大統領は「ルーツである西

アフリカへ戻ってきて、ガーナ人とも交流して欲しい」とのメッセージを発していた。大統領なので政治や外交、経済などさまざまなことを踏まえてのメッセージだと思うけど、僕がアクラやクマシで出会ったアメリカ黒人たちはこの流れに乗っていると言える。黒人どうしの連帯の可能性、強国からの観光客の目線、現地の人々からの目線、さまざまなものがこの流れでは渦巻いている。

あとがき

　本書は2019年にHagazine（現Dozine）のウェブ・サイトで連載していた『History Hunters: ラスタファーライの実践』を全面的に改稿し、まえがきとあとがき、補章を追加したものである。その他、書籍化に際しては写真や図表は大幅に追加した。本書の一部は博士論文をもとにした『レゲエという実践 ── ラスタファーライの文化人類学』（京都大学学術出版会，2017）をはじめ、過去に出版した書籍、学術論文にもとづいており、学術論文とは異なる形式で、筆者がラスタファーライと出会うまでの経緯や、人類学を学ぶ過程で考えたことをまとめた縮刷版とも言える位置づけになっている。もっと深く考えたい方は本書で紹介している文献などにもあたっていただきたい。

　ラスタに魅了された学部生時代からだいぶ時間が流れた現在の視点から過去を思い出し編集することには恥ずかしさもあるが、本書をまとめようと思った動機としては、ラスタがあって現在の自分がいることへの感謝を記録に残しておきたいという気持ちの方が大きかった。

　ラスタ以外にも感謝を伝えておかないといけない。もともとの連載は、2019年1月に縄文タトゥーに関するプロジェクト（縄文族）についてのインタビューでタトゥー・アーティストの大島托さんを訪れた際に親しくしていただいた編集者の辻陽介さんに声をかけていただいたことがきっ

かけである。本書を読んでいただければ、縄文タトゥーへの筆者の接近はラスタファーライ研究を経てたどり着いた新たなフィールドだったということが分かっていただけると思う。それにもかかわらず現段階では研究として不十分にしかまとめられておらず、この先の宿題として残ってしまっている。それはさておき、それぞれに異なるタイプの非常に頭の切れるおふたりとの出会いがなければ本書に結実する素材は存在しなかった。このことについてまずもって感謝を伝えたい。本書でも言及した『BURST HIGH』のコアマガジンで仕事をしていた辻さんに連載の最初の読者になってもらえたことは本当に光栄だった。

　出版に関しては、集広舎の川端幸夫さんにお世話になった。集広舎からはこれまでに三冊の編著を刊行していただいているが、今回も二つ返事でお引き受けいただいた。本当に感謝している。今回編集を担当していただいた月ヶ瀬悠次郎さんには、細かな点まで目を通していただき、一連のプロセスを通じて、読者がラスタファーライの世界に入り込みやすくなったように感じている。校書青信堂さんの校正にも本当に助けられた。

　さらに文学部の同僚でおそらく唯一ウェブでの連載記事に目を通してくださった石橋潔先生に感謝をお伝えしたい。校務についてはなるべく触れないようにして話す時間は、放っておくと忘れてしまいそうになる研究や教育の楽しさを取り戻す貴重な機会である。また、橋口怜さんには書籍化に向けての準備段階から協力していただいた。最後に本書は令和6年度久留米大学文学部教育研究振興資金の助成を受けた。久留米大学および文学部関係者にも記して感謝申し上げます。

2025年2月

参考文献

石川栄吉ら編1994『文化人類学事典（縮刷版）』、弘文堂。

石森大知2011『生ける神の創造力 — ソロモン諸島クリスチャン・フェローシップ教会の民族誌』、世界思想社。

春日直樹2001『太平洋のラスプーチン — ヴィチ・カンバニ運動の歴史人類学』、世界思想社。

神本秀爾2017『レゲエという実践 — ラスタファーライの文化人類学』、京都大学学術出版会。

ギデンズ、アンソニー2005『モダニティと自己アイデンティティ — 後期近代における自己と社会』、ハーベスト社。

クリフォード、ジェイムズ2002『ルーツ — 20世紀後期の旅と翻訳』、月曜社。

鈴木慎一郎2009「混交への回帰／脱出 — 音楽を通して黒人ディアスポラのルーツを再想像する」中村和恵編『世界中のアフリカへ行こう — ＜旅する文化＞のハンドブック』、岩波書店。

丹羽典生2009『脱伝統としての開発 — フィジー・ラミ運動の歴史人類学』、明石書店。

ハーヴェイ、デヴィッド1999『ポストモダニティの条件』、青木書店。

バランディエ、ジョルジュ1983『黒アフリカ社会の研究 — 植民地状況とメシアニズム』、紀伊国屋書店。

古谷嘉章2001『異種混淆の近代と人類学 — ラテンアメリカのコンタクト・ゾーンから』、人文書院。

保苅実2004『ラディカル・オーラル・ヒストリー：オーストラリア先住民アボリジニの歴史実践』、岩波書店。

ランテルナーリ、ヴィットリオ1976『虐げられた者の宗教 — 近代メシア運動の研究』、新泉社。

Chevannes, Barry 1994 Rastafari: Roots and Ideology. Syracuse University Press.

Chevannes, Barry 1998 Rastafari and Other African-Caribbean Worldviews. Rutgers University Press.

Collinwood and Kusatsu 1999 "Japanese Rastafarians: Non-Conformity in Modern Japan"『国際関係学研究』、津田塾大学紀要委員会。

van Dijk, F.V. 1993 Jahmaica: Rastafari and Jamaican Society. One Drop Books.

Edmonds, E.B. 2002 Rastafari: From Outcasts to Culture Bearers. Oxford University Press.

Newland, Arthur 1994 The Life and Works of King Emmanuel Charles Edwards. Unpublished.

Sterling, Marvin 2010 Babylon East: Performing Dancehall, Roots Reggae, and Rastafari in Japan. Duke University Press.

索引

アイタル（フード）	92, 93, 100
アシャンティ王国	21, 106
安息日	44, 45, 48, 64, 65, 75, 77, 82, 84-87
イエス	74, 78, 90, 91
『イザヤ書』	78
イスラエル（民族）	25, 46, 47, 58, 89
イスラエル十二支族派	89
一神教	90, 91
エスニシティ	62, 92
エチオピア	8, 19, 21, 23, 24, 27, 29, 36, 58, 60, 62, 98
エマニュエル	17-20, 24, 27-30, 32-35, 37, 40-44, 47, 49, 50, 52, 53, 58, 61, 105
エルミナ城	104
エンクルマ	24, 104-106
カウンター・カルチャー	90
黒い大西洋	103
『コリント人への手紙』	86
ザイオン	8, 11, 38
『詩編』	78
資本主義	69
出エジプト，『出エジプト記』	23, 24, 46
千年王国運動	72, 73
ナイヤビンギ・オーダー派	63, 65, 83-87
ナイヤビンギ（音楽）	42, 43, 85
ハイレ・セラシエ	8, 13, 19-21, 29, 60, 66, 76, 81, 84, 89-91
バビロン	8, 13, 32, 33, 38, 62
ブラック・スター	24, 105
ブリコラージュ	75, 98
ボボ・シャンティ	14, 27, 36, 52, 53, 59, 102, 105, 106
マーカス・ガーヴェイ	20, 24, 51, 57, 98, 103
『マタイ伝』	78
マルチグラフト	6, 95, 96, 98, 99
戻らずの扉	101, 104
『ヨハネの黙示録』	65, 77
ラスタ・カラー	10, 16, 19, 50, 66, 70, 92

神本秀爾　KAMIMOTO Shuji

久留米大学文学部教授、専門は文化人類学。2005年にジャマイカで調査を開始。日本におけるブラック・カルチャー受容にも関心がある。主な著書に『レゲエという実践 —— ラスタファーライの文化人類学』（京都大学学術出版会）、『マルチグラフト —— 人類学的感性を移植する』（集広舎）、『地方創生時代の『民謡』づくり —— 久留米大学チクゴズの記録』（花乱社）など。

ラスタファーライ入門（にゅうもん）
ジャマイカと日本で人類学しながら考えたこと

令和7年（2025年）3月10日　第1刷発行

著　者	神本秀爾
発行者	川端幸夫
発　行	集広舎 〒812-0035 福岡県福岡市博多区中呉服町5番23号 電話 092-271-3767　FAX 092-272-2946 https://shukousha.com/
造本・装幀	月ヶ瀬悠次郎
校正・校閲	校書青信堂
印刷・製本	モリモト印刷株式会社

乱丁・落丁本はお取替えいたします。購入した書店を明記して、小社へお送りください。ただし、古書店で購入された場合は、お取替えできません。
本書の一部・もしくは全部の無断転載・無断複製、デジタルデータ化、放送、データ配信などをすることは、法律で認められた場合を除いて、著作権の侵害となります。

©2025 Shuji KAMIMOTO. Printed in Japan　ISBN 978-4-86735-057-7 C0036